잡지, 기록전쟁

출판전문지 발행인의
25년 생존일기

잡지, 기록전쟁

한기호
지음

한국출판마케팅연구소

출판 인생 2막, 세 차례의 무모한 도전

．

IMF 외환위기 직후인 1998년, 15년 동안 근무했던 (주)창비를 아무런 준비 없이 떠났다. 공식적인 퇴사일은 그해 9월 12일이었으나 사표를 제출한 것은 4월 어느 날이었다. 그러고는 다음 날 짐을 쌌다. 처음에는 야인으로 떠돌며 공부나 할 생각이었다. 당시 출판사에 근무하면서도 원고료나 강연료 등으로 급여에 견줄 만한 기타소득이 있었다. 그러니 허허벌판으로 내쫓기는 것은 아니라고, 프리랜서로 나서면 호구지책은 될 거라고 막연히 생각했다. 이참에 공부를 제대로 하면 평생을 버틸 만한 비전을 찾을 거라는 기대도 있었다. 하지만 이때부터 처절한 고난이 시작됐다.

2023년 9월 12일은 창비를 떠난 지 만 25년이 되는 날이었다. 25년이라는 무수한 날 동안 책을 읽고 글을 썼다. 술을 마시고 늦게 귀가해도 다음 날 새벽에는 어김없이 글을 썼다. 하필이면 그날 읽은 칼럼에 '국궁진췌 사이후이鞠躬盡瘁 死而後已'라는 글귀가 있었다. "온몸을 바쳐 최선을 다하고, 죽음에 이르러서야 비로소 그치겠다." 제갈량이 위魏나라를 공격하기 전 출사표에 적은 말이었다. 그 칼럼은 99세에 작고한 언론인이 죽음에 이르러서야 기사 쓰는 일을 그만두었다는 사실을 알리고 있었다. 나도 그렇게 살고 싶었다.

그날은 4년 만에 회사에 자리를 만들어 복귀한 날이기도 했다. 그동안은 회사를 떠나 반지하나 오피스텔에 사무실을 따로 두고 일했다. 그러다 내 자리를 다시 만드니 생각이 많아졌다. 신입사원이 되어 결기를 다지는 마음이었다. 그날 나는 다시 한번 온몸을 바쳐 최선을 다하고, 죽음에 이르러서야 출판 일을 그만두기로 결심했다. 그러자 지난 25년이 주마등처럼 스쳐 지나갔다. 요약하면 세 번의 무모한 도전이 내 인생을 크게 바꾸어 놓았다.

첫 번째 도전은 격주간 출판전문지 〈기획회의〉(구 제호 〈송인소식〉)의 창간, 두 번째 도전은 월간 〈학교도서관저널〉의 창간이었다. '독서 운동'이라는 대의만 가지고 시작하는 바람에 잡지 인생은 고난의 연속이었다. 항간에는 이런 말이 떠돌기도 한다. 친구 중에 돈 좀 있으면서 얄미운 사람이 있거든 잡지를 창간하게 만들어라! 그러면 재산을 모두 털릴 것이다. 또 출판업계에는 이런 농담도 있다. 서서히 망하려거든 단행본 출판사를 차리고, 빨리 망하려거든 잡지사를 시작하라! 이런 말을 무수히 듣고도 무모한 도전을 했다. 더군다나 모아 둔 돈도 없었다.

세 번째 도전은 '돌싱'인 내가 병든 어머님을 모시기로 한 일이었다. 2024년 3월 9일은 어머님을 모신 지 만 15년이 되는 날이다. 시작할 때는 끝을 알 수 없는 일이라는 것을 몰랐다. 그로 인해 내 인생은 달라졌다. 2019년 말부터는 둘째 동생의 도움을 받고 있기는 하지만, 그전에는 어떻게 살았는지 아득할 뿐이다.

결론적으로 세 번의 도전은 모두 현재 진행형이다. 어머님을 모시는 일이야 중단할 수 없으니 더 말할 것도 없고, 잡지 창간이라는 두 도전은 이러하다. 〈학교도서관저널〉은 안정화의 길로 들어섰다. 그러니 〈학교도서관저널〉은 포기할 수 있는 첫 번째 일이기도 하다. 나는 〈학교도서관저널〉 창간 10주년 기념호(2020년 3월호)의 「발행인이 독자에게 드리는 글」에서 다음과 같이 뜻을 밝혔다.

〈학교도서관저널〉이 10년을 맞는 사이 현장의 분위기도 바뀌었다. 그렇다면 이후 〈학교도서관저널〉의 과제는 무엇일까? 가장 중요한 과제는 공공성을 강화하는 것이다. OECD에 가입한 나라에서는 모두 〈학교도서관저널〉과 유사한 성격의 책이 간행되고 있는데, 그 발행 주체가 공공기관이 아니라 개인인 나라는 대한민국이 유일하다. 사적 이익보다 공공의 이익을 추구하는 잡지임에도 사기업이 간행한다는 한계가 있다. 물론 지난 10년간 함께한 기획위원과 추천위원 외 많은 선생님들의 헌신이 있었기에 공공성을 확보할 수 있었다. 하지만 공공성이 원천적으로 확보되려면 개인이 아닌 공공 조직이 잘 이끌고 나갈 수 있는 시스템이 구축되어야 한다. 그래야만 항구적인 생명력을 갖는 잡지가 될 것이다. 나의 유일한 희망은 그런 시스템을 구축해 놓고 뒤로 물러나는 것이다. 그날이 빨리 올 수 있도록 헌신할 것을 독자들에게 약속드린다. 앞으로도 〈학교도서관저널〉에 많은 애정을 부탁드린다.

이 약속을 지키려면 물적 토대가 확실해야 한다. 잡지의 구독 부수를 늘리는 것만으로는 한계가 있다. 그래서 단행본 사업을 확장하고 있다. 잡지가 자리를 잡아가니 단행본 사업도 순조롭다. 그래서 이 약속은 확실하게 지킬 수 있을 것 같다.

하지만 출판 불황이 계속되는 세상에서 출판전문지 〈기획회의〉의 발행은 여전히 버겁다. 〈기획회의〉는 2024년 1월 20일에 600호가 발행된다. 만 25년 동안 한 호도 쉬지 않았다. 지난 500호 출간 기념 행사장에서 "이제 〈기획회의〉는 이것으로 끝이라고 말하고 싶은 충동을 느꼈다"고 고백한 바 있다. 그간 200호, 300호, 400호, 500호를 낼 때마다 마음이 흔들리곤 했다. 하지만 비틀거리면서도 여기까지 왔다. 500호를 펴내면서는 "이제 겨우 반환점을 돌았다, 1000호까지는 이어가겠다"고 공개적으로 약속했다. 그렇게 공언을 해 놓고도 600호 출간을 앞두니 다시 한번 흔들렸다. 사람의 목숨도 유한한데 잡지의 수명이라고 무한할 수 있겠는가? 출판 시장이 위태로운데 출판전문지가 어찌 버틸 수 있는가? 25년을 헌신한 것으로 충분하다, 이제 그만하자. 멋지게 종간 축하파티를 열자. 하지만 마음을 고쳐먹었다. 세상에 공언한 대로 1000호까지 펴내겠다는 약속은 반드시 지키자고 말이다.

1000호의 발행일은 2040년 9월 20일이다. 살아 있다면 팔순이 지난 다음일 것이다. 그때까지 살아 있지 못하면 누군가가 나를 이어 약속을 지켜 줄 것이라 믿는다. 그러려면 나 없이도 〈기획회의〉와 〈학교도서관저널〉이 살아남을 수 있는 기반을 만들어 놓아야 한다. 이 책은 두 잡지의 1000호 발행을 약속하면서, 미래를 도모하기 위한 고뇌가 담겼다. 거기에는 지난 잡지 인생 25년을 돌아보는 과정이 필요했다. 잡지라는 플랫폼에서 만난 사람들, 거침없이 피어난 논쟁들, 생을 걸고 지켜 낸 잡지 이야기가 독자들에게 조금이나마 다가갈 수 있기를 바란다.

차례

1장 | 잡지라는 전쟁터에 뛰어들다

2장 | 잡지 종언의 시대에 생존의 길을 찾다

3장 | 잡지와 출판의 미래를 생각하다

1장

잡지라는
전쟁터에
뛰어들다

풍전등화 같던
〈기획회의〉 25년

〈기획회의〉는 〈송인소식〉 무가지와 〈송인소식〉 유가지를 거쳐 2004년 7월 20일에 현재의 제호로 발행됐다. 〈기획회의〉의 전신인 〈송인소식〉은 통권 131호로 끝났다. 그러니 〈기획회의〉는 132호로 시작한 셈이다. 당시는 통산으로 호수를 적지 않고 1호로 펴냈다가 2006년 1월 5일 자 167호부터 통산으로 호수를 매겼다. 〈기획회의〉는 출발부터 오락가락했다. 제대로 된 전략 없이 '무데뽀'로 출간하는 일은 계속됐다.

〈송인소식〉 창간준비호는 1999년 1월 15일에 발행했다. 그리고 창간호가 나온 것이 2월 1일이다. 〈송인소식〉의 발행 주체는 부도를 수습하고 거듭난 (주)송인서림이었다. IMF 외환위기 직후 매출액 1, 2위를 달리던 보문당과 송인서림을 비롯해 수많은 도매상이 연쇄 도산했다. '먹튀'가 된 다른 도매상과 달리 송인서림 창립자는 전 재산을 내놓고 수습해 달라고 요청해 감동을 주었다. 출판계는 채권단을 결성해 위탁경영을 시작했다. 여덟 명으로 구성된 집행 위원회가 주요 결정을 하는 가운데 나는 실무를 책임진 재산관리 인이 되었다. 위탁경영자가 된 셈이다.

그 사이에 송인서림은 (주)송인서적으로 거듭났다. 송인서적은 그해 12월부터 부도 전보다 훨씬 큰 매출 신장을 기록했고, 반품 역시 줄어들기 시작했다. 하지만 여전히 반품이 문제였다. 〈송인소식〉을 창간한 가장 큰 명분은 송인서적의 안정화였다. 출판 성장의 발목을 잡지 않는 도매상이 필요했다. 이를 위해 송인서적은 '사전주문제'를 도입했다. 사전주문제는 출판사가 책을 펴내기 전에 도매업체에 책의 내용 혹은 가제본된 도서의 표지, 기획 의도, 타깃 독자 등을 알려 주고, 도매상은 이를 거래처인 소매서점에 보내 예상 판매 부수를 반영한 주문량을 출판사에 알려 줌으로써 과잉 생산과 과다 반품을 줄이자는 목적으로 도입된 제도였다.

당시 출판 선진국들은 오래전부터 사전주문제를 실행하고 있었다. 영미권 출판사들은 출간 수개월 전, 길게는 1년 전부터 각종 전문지와 도서정보지를 통해 어떤 책이 나올 것인지 알려 주었는데, 이는 '출판예고제'라는 이름으로 자리 잡고 있었다. 그뿐만 아니라 출판사, 유통사, 서점을 잇는 전산망이 구축돼 있어 책마다 판매 및 재고 현황 등을 한눈에 파악할 수 있었기에 사전주문제가 가능했다. 독일의 최대 도매상인 KNO는 사전 주문한 도서의 경우 총매출의 3퍼센트 이내만 반품을 인정했다.

사전주문제의 취지는 좋았지만 한국에서는 제대로 정착되지 못했다. 출판사, 유통사, 서점을 잇는 전산화가 이뤄지지 않은 상태에서 사전주문제가 정착되기는 어려웠다. 여전히 도매상을 활용한 '밀어내기'가 횡행했다. 신간이 나오면 도매상에서 선어음을 끊고, 출판사에서 과다 부수를 밀어 넣는 영업이 이뤄졌다. 이런 일은 대부분 주먹구구로 이뤄지기에 도매상의 경영은 안정화되기 어려웠다. 그래서 먼 훗날의 일이지만 송인서적은 2017년 1월 2일 부도를 낸 다음 역사 속으로 사라졌다.

나는 〈송인소식〉에 한 호도 빠짐없이 글을 썼다. 「참고서만 팔다 간 동네 책방 다 망한다」(창간준비호), 「대공황기 미국의 베스트셀러」(창간호), 「한 권의 책이 한 사람의 운명을 결정한다-'책 선물 릴레이 운동'을 시작하면서」(2호), 「공급이 스스로 수요를 창출한다?-최근 출판시장 동향과 효율적 광고 사례」(10호), 「정보화시대에 서점이 나아가야 할 방향과 금년 여름 시장에서 주목되는 책들-코드 통일의 중요성과 대형 판타지소설의 뜨거운 3파전 예상」(11호), 『『책의 역사』가 우리에게 주는 교훈과 출판환경 변화에 따른 출판기업의 불황돌파 전략」(12호), 「디지털 시대에 소설쓰기는 무엇인가?」(13호), 「출판시장을 활성화시킬 수 있는 방안은 무엇인가?」(16호), 「출판의 힘은 어디에서 나오나?」(17호) 등 제목만으로도 거창한 주제들이었다. 어떻게 이런 글들을 써낼 수 있었을까? 나는 젖 먹던 힘까지 쏟아야만 했다.

초창기 〈송인소식〉에는 한국 최초의 북디자이너이자 정디자인 대표인 정병규의 「'책의 문화'를 위하여」를 비롯한 고급 출판문화 담론과 손재완 당시 영풍문고 전무이사의 '서점경영의 기술', 임명철 당시 골드북 부사장의 '서점, 이렇게 하면 살아남는다' 등의 연재가 실렸다. 또 '서점에서 할 만한 이벤트', '새롭게 주목해야 할 이 한 권의 책', '송인서적 베스트 200선', '새로 나온 책', '사전주문을 위한 신간안내' 등이 연재됐다. 서점인을 위한 내용이 많았던 셈이다. 〈송인소식〉은 1200여 곳의 거래 서점과 출판영업자들에게 무료로 제공됐다. 그뿐만 아니라 책의 미래, 도서정가제, 주례사 비평 등 쟁점이 될 만한 출판 담론을 꾸준히 생산하는 유일한 잡지로 자리매김하고 있었다. 덕분에 나는 일간지에도 지면을 얻어 칼럼을 꾸준히 발표할 수 있었다.

〈송인소식〉에 대한 업계의 반응은 뜨거웠다. 하지만 나는 뜨거운 반응에 부담을 느꼈다. 독자의 요구는 갈수록 높아졌다. 그런 요구에 부응하기 위해 사람을 충원해야만 했다. 하지만 송인서적은 발행 비용에 부담을 느끼기 시작했고, 나는 독자적인 생존을 꾀해야 했다. 그래서 2004년 3월 5일 자(123호)부터 유가지로 전환했다. 그러나 유가화에는 엄청난 난관이 도사리고 있었다. 5년 이상 무료로 〈송인소식〉을 받아 본 이들은 유료화에 난색을 보였다. 그래서 그해 7월 20일 자(132호)부터는 제호를 〈기획회의〉로 바꾸었다. 제호는 2008년부터 휴간에 들어간 일본의 출판전문지 〈편집회의〉를 의식하고 만들었다.

〈기획회의〉첫 호 특집 '출판불황 어떻게 극복할 것인가'의 글을 혼자 썼다. 200자 원고지로 230매쯤 되는 글에는 "출판계는 지금 불황이다. 책을 찾지 않는 독자의 책임인가, 유통과 출판사의 문제인가, 아니면 생명을 다한 '책의 시대'가 피할 수 없는 시대의 조류인가. '위기는 곧 기회' 2004년 출판계 불황의 위기를 진단하고 그 돌파구를 찾아본다"는 편집자 주가 달려 있다. '우리는 냉정해야 한다', '기술결정론에서 사회결정론으로', '책의 시대는 이제 시작', '출판사는 왜 사라지지 않는 것일까', '요동치는 세계 출판 시장', '우리 출판 시장의 변화', '편집자는 만능인', '기획발상법' 등의 중간 제목이 있는 이 글은 내가 읽은 일본의 잡지나 책의 내용이 과도하게 인용되어 있다. 어쩌면 살아남기 위해 발악하고 있었는지도 모른다.

*

25년 동안 무수한 위기가 있었다. "늘 외롭고 후회가 된다"는 내 말을 들은 누군가는 "당신은 절대로 후회할 사람 같지 않다"고 말했다. 매사에 확신을 가지고 살아왔지만, 워낙 자신 있게 떠드는 바람에 적이 많았다. 그래서 광고를 달라고 애걸해야 하는 〈기획회의〉는 늘 접고 싶었다. 그런 내게 용기를 주는 분들이 계셨다. 대표적인 이는 일본의 저명한 그래픽 디자이너 스기우라 고헤이였다. 스기우라 선생은 내가 사숙하는 스승으로 여기는 정병규 선생을 따라 일본에 갔다가 도쿄의 식당에서 처음 만났다. 처음 뵌 자리에서 선생은 "사람이 계단을 오를 때 앞발과 뒷발 사이에 우주가 있다!"는 매우 현학적인 말씀을 하셨다.

스기우라 선생의 책에서는 '중층성'이란 개념이 가장 많이 와 닿았다. 누구나 평생의 경험이 자신의 머릿속에 켜켜이 쌓인다. 그러다 어떤 계기로 인해 그것이 한순간에 튀어나온다. 이것이 바로 '중층성'이다. 사람이 '깜짝 놀랄 때'에 "한순간 신체는 한 덩어리가 되어 공중에 붕 뜬다. 부분이 아니라 전체가 '하나'가 되는 것, 이렇게 하나가 되는 순간은 온몸이 최고조에서 움직이는 한순간"이 된다. 앞발과 뒷발 사이 그 찰나에 우주가 있다는 말씀이 중층성인지에 대해서는 여쭤보지 않았다. 일본어 실력이 달리니 내게 깊은 이해가 있을 리 없었다.

스기우라 선생은 그래픽 디자인은 단순히 "어떻게 보여야 할까, 보이기 위해 무엇을 어떻게 해야 할까"의 문제가 아니라 사람이 "'와!' 하고 깜짝 놀라 '신체가 하나'가 될 때처럼 동적이고 통합적인 무언가를 만들어 내는 작업"이라며 "훌륭한 디자인은 음악으로 들리기도 하고 맛있는 음식으로 변하기도 하며 머릿속에 도파민을 생성시키며 여러 방향으로 확장할 수 있게 한다"고 설명했다. 여기서 그래픽 디자인을 '출판기획'으로 바꿔도 무방할 것이다. 아니 세상 모든 일의 이치가 그럴 것이다.

2005년에 이미 나는 지쳐 있었다. 〈기획회의〉를 정리할 생각이었다. 스기우라 선생은 『疾風迅雷(질풍신뢰)』란 책을 펴내고 순회전시를 열었다. 나는 정병규 선생을 모시고 16명의 일행과 오사카 전시를 보러 갔다. 스기우라 선생은 전시장에서 일행에게 일일이 작품을 소개해 주시고 점심 도시락을 제공하면서 질문의 기회도 주셨다. 정병규 선생과 나는 도쿄에서 다시 스기우라 선생을 뵙기로 약속했다. 그즈음 나는 일본에 계절마다 방문했다. 〈책과 컴퓨터〉가 주관하는 '동아시아 공동출판'의 한국 편집위원이었기에 그럴 수밖에 없었다.

전시회에는 주요 직원들을 모두 데리고 갔다. 명분은 스기우라 선생의 『질풍신뢰』 오사카 전시를 보러 가자는 것이었지만 나는 다른 꿍꿍이를 품고 있었다. 연구소를 접는다, 그리고 잡지도 포기한다, 앞으로 팔리는 책을 펴내서 먹고산다. 이른바 '도쿄선언'을 하려고 했다. 도쿄에 와서 약속한 날에 스기우라 선생의 사무실에 들렀더니 선생은 독일 식당으로 우리를 데려갔다. 그 자리에는 고단샤에서 편집자로 정년퇴직한 와시오 켄야 선생도 와 계셨다. 와시오 선생은 내가 그즈음 펴낸 『편집이란 어떤 일인가』(한국출판마케팅연구소)의 저자였다. 그 책의 발행인과 영업이사도 함께했다.

스기우라 선생은 도쿄를 방문한 소감부터 물으셨다. 3개월 만에 다시 도쿄를 방문했는데, 나와 동갑인 일본인 출판평론가가 그사이에 네 권의 신간을 펴낸 것을 확인했다. 그중 두 권의 책을 구입했다. 나는 지난해 한 권의 책도 쓰지 못한 게으름을 반성했다고 말씀드렸다. 두 분은 잠시 그 평론가에 대한 이야기를 나누시더니 나를 질책하셨다. 선생은 내가 거명한 평론가를 잘 모른다고 하셨다. 그가 글을 많이 쓰는지는 모르겠으나 그 사람은 일본 출판계에 기여한 바가 별로 없다, 그러니 나를 그 사람과 비교하는 것은 잘못이다, 정말로 비교하려면 고바야시 가쓰히로와 비교하라고 하셨다. 고바야시 선생은 1931년생으로 일본 출판평론의 개척자다. 나는 그분의 『出版大崩壞(출판대붕괴)』를 읽은 적이 있어 대강 알고 있었다.

그때 출판사를 경영하는 한 친구도 동행했다. 그 이야기를 들은 친구는 기분이 무척 좋다고 했다. 친구는 양해를 구하고 노래도 불렀다. 우리는 그날 거나하게 취했다. 어떻게 호텔로 돌아왔는지도 기억나지 않았다. 결국 '도쿄선언'은 유야무야되었다. 그즈음 큰딸이 내게 많이 힘드냐고 물었다. 그렇다고 했더니 "아빠, 지난번에 일본 가서 할아버지 만났다며? 그 할아버지는 몇 년이나 일하셨어?" 하고 물었다. 내가 "50년"이라고 대답하자 딸은 "할아버지에게 5년쯤 되었을 때는 어땠는지 여쭤보지 그랬어!"라고 말했다. 그런 딸의 격려도 힘이 되었다. 벌써 18년 전의 일이다. 그때 '도쿄선언'을 한 다음 잡지를 접고 돈 되는 출판에 뛰어들었으면 지금쯤 행복을 누리고 있을까?

바람이 좋아 요트를 샀다는 건축학자를 만난 적이 있다. 그는 배가 바람을 정면으로 맞서는 것이 아니라 45도 각도로 맞서면서 앞으로 나아간다고 했다. 그는 바람을 즐길 준비가 되어 있었다. 영화 〈최종병기 활〉에서 주인공은 "두려움은 직시하면 그뿐, 바람은 계산하는 것이 아니라 극복하는 것"이라고 말했다. 〈기획회의〉를 발행하는 지난 25년 동안 내 마음은 바람 앞에 촛불 같았다. 한시도 두렵지 않은 적이 없었다. 그럼에도 잘 극복해 왔다. 앞으로는 버티는 것에만 머무르지 않고 나의 모든 능력을 동원해, 보다 깊이가 있는 〈기획회의〉를 만들 작정이다.

사명 하나로 시작한
〈학교도서관저널〉 14년

잡지의 정기구독과 관련해 대책을 세우는 꿈을 자주
꾼다. 지금 펴내는 잡지가 아니라 25년 전에 그만둔
창비의 간판 잡지 〈창작과비평〉이다. 왜 이런 꿈을
꾸는지는 모른다. 창비에 다닐 때 가장 큰 스트레스가 잡지 정기구
독이 아니었나 싶다. 아니면 지금 펴내고 있는 〈기획회의〉나 〈학교
도서관저널〉의 정기구독 수를 늘리고 싶어 안달하는 것일지도 모
른다. 그러나 나는 직원들에게 압박감을 주고 싶지 않았다. 잡지는
정기구독과 광고 유치로 유지한다. 요즘 모든 레거시미디어는 광
고 유치가 쉽지 않다. 그래서 수많은 잡지가 사라진다. 무료 정보의
범람으로 정기구독 유치도 쉽지 않다.

　과거에 시사지는 특종이 생명이었다. 시사월간지에 특종기사
가 실리면 수십만 부가 팔려 나가기도 했다. 하지만 지금은 특종기

사를 실어도 방송이나 온라인매체에서 바로 이어 심층 기사를 쏟아 낸다. 그러니 잡지가 살아남기 힘들다. 일본에서는 시사월간지가 대부분 사라졌다. 주간지는 그나마 버티고 있지만 101년 역사의 〈주간 아사히〉가 2023년 5월 휴간(사실상 폐간)에 들어가 충격을 안겨 줬다. 일본의 잡지는 수많은 논픽션 작가를 키웠다. 사노 신이치나 다치바나 다카시 같은 논픽션 작가는 소설가 이상의 명성과 인기를 얻었지만, 이제 잡지를 통해 등단하는 시대는 끝이 났다고 해도 과언이 아니다.

그렇다면 여성지는 어떨까? 여성지는 광고가 생명이다. 그러나 요즘 명품브랜드는 여성지에 광고를 하지 않는다. 젊은 여성들이 잡지를 찾지도 않는다. 그러니 여성지도 생명력을 잃어 가고 있다. 문화지 또한 실종되기 시작했다. 영화에 대한 비판을 하면 영화사가 광고를 할 리 없다. 그래서 비판적인 영화평론가는 살아남기 어렵다. 지금은 안목 있는 관객들이 온라인에서 비평을 하고 대중은 이를 참고한다. 잡지는 전문 필자를 찾기 어려워서라도 유지하기 힘들다. 과거에는 잡지에서 발굴한 필자가 저자가 되곤 했다. 그러니 잡지의 침체는 단행본의 침체로 이어진다고 해도 과언이 아니다.

일본에서 '잡고서저雜高書低(단행본보다 잡지가 더 많이 팔리는)' 체제가 처음으로 무너진 것은 2016년이다. 1975년 이후 41년 만의 일이어서 일본의 잡지업계는 충격을 받았다. 이후 잡지 휴간은 꾸준히 늘었다. 이는 일본만의 문제가 아니다. 잡지의 침체는 서점 붕괴로 이어졌다. 교통 요지의 서점은 잡지 판매로 유지되었지만, 지금은 서울 고속버스터미널에서도 잡지를 구하기 어렵다. 지하철 판매대는 거의 사라지고 없다. 그 많던 잡지 총판은 어디로 사라졌을까? 잡지의 몰락은 총체적인 출판 유통 시스템의 붕괴로 이어졌다. 현실이 이러하니 나는 〈기획회의〉만으로도 충분히 고통받고 있었다. 그런데도 하나의 잡지를 더 창간하려고 나섰다. 〈학교도서관저널〉이다.

어느 회사에 오지랖 넓은 직원이 있었다. 여기저기 돌아다니며 다른 부서 사람들과 잡담도 많이 나누고 이런저런 참견도 잘하는 직원이었다. 새로 부임해 온 CEO는 성과주의를 강조하며 직원들을 일일이 감시했다. 그런 그의 눈에 이 오지랖 사원이 어떻게 보였을지는 불 보듯 뻔했다. CEO는 태평스레 돌아다니며 잡담이나 나누는 그 불필요한 직원을 당장 정리해고 대상에 올렸고, 얼마 후 오지랖 사원은 회사를 떠났다. 하지만 그때부터 회사 분위기가 이상하게 흘러갔다. 눈으로 확인할 수는 없지만, 부서 간의 협력이 제대로 이루어지지 않았고, 생산성도 떨어지기 시작했다.

『중년수업』(위즈덤하우스)에 나오는 이야기다. 저자 가와기타 요시노리는 오지랖 사원이 회사의 윤활유 역할을 했다는 것을 말하기 위해 이 예화를 인용했다. 그렇다면 우리 사회의 오지랖 사원은 누구일까? 시골 마을에는 남의 집 일에 참견을 잘하는 욕쟁이 할머니가 있고, 출판업계에서는 그 역할을 출판전문지가 하고 있다. 나는 〈기획회의〉를 욕쟁이 할머니에 비유하곤 했다. 욕쟁이 할머니가 없다면 이웃집 부부싸움을 말릴 사람이 없어 마을의 이혼율이 높아질 것이고 결국은 마을이 사라질 수도 있다.

학교라는 사회는 어떤가? 전국교직원노동조합이 합법화되었을 때 학교는 활력이 넘쳤다. 교사들은 학생들에게 책을 읽히려고 열심이었다. 덕분에 출판 시장도 활성화되었다. 아동 출판에 이어 청소년 출판도 꾸준히 성장했다. 그러나 이명박 정부가 일제고사를 도입하고 시험 성적으로 서열을 매기면서 학교는 활력을 잃었다. 그 여파로 출판 시장도 어려움을 겪기 시작했다. 이대로 두면 아이들과 교육과 나라의 미래가 함께 사라지겠다는 생각이 들었다.

분노한 나는 〈학교도서관저널〉 창간 설명회를 열고 자금을 모으러 다녔다. 많은 이들은 의아해했다. 〈기획회의〉 하나만으로도 힘겹지 않느냐는 사람이 적지 않았다. 한 출판인은 5억 원을 자신이 모두 댈 테니 가벼운 인문교양 출판을 하자고 꼬드겼다. 그때 대형 출판사는 임프린트를 늘리고 있었다. 솔직히 내 인생만 생각하면 그 길이 옳았다. 돈도 벌고 오지랖 넓다는 비판도 받지 않고 편하게 살 수 있었을 것이다. 하지만 '모두까기'나 '트러블메이커'란 별명을 달고 살았던 나는 그만둘 수 없었다.

〈학교도서관저널〉 창간 주주 모집 설명회는 2009년 7월 2일 한국출판인회의 건물 지하 강당에서 열렸다. "교육과 출판을 위한 즐거운 상상의 자리에 귀사를 정중히 초대합니다!"란 제목의 초대장에는 "한 나라의 과거를 보려면 박물관에, 현재를 보려면 시장에, 미래를 보려면 도서관에 가 보라는 말이 있습니다. 학교도서관과 공공도서관 활성화는 우리 교육의 나아갈 바이고, 국가의 미래가 달렸을 뿐 아니라 세계 교육의 조류이기도 합니다. 〈학교도서관저 널〉은 그 중심에서 의견과 정책과 방안을 상상하고, 창조하고, 소통하고, 나누며 우리의 미래와 교육과 출판을 이끌고자 합니다. 소수의 힘만으로는 부족합니다. 부디 이 길에 함께해주십시오. 귀사를 정중히 초대합니다"란 초대의 글부터 실었다. 이어서 초대장에는 우리 사회에 〈학교도서관저널〉이 필요한 이유를 다음과 같이 설명했다.

도서관은 문화국가의 척도이며, 학교도서관은 국가교육의 척도입니다. 학교도서관이 21세기 미래교육의 중심이 될 것이라는 사실은 아무도 부인하지 못합니다. 경제협력개발기구(OECD)도 학교도서관을 도서 창고에서 정보연결자로, 학생들과 도서만을 위한 학생도서관에서 만인을 위한 학습자원정보센터로 변화시켜야 한다는 정책 가이드라인을 제시하고 학교도서관 재편에 착수했습니다.

미국 전 지역에는 1만 5,000개가 넘는 공공도서관이 있습니다. 미국을 대표하는 햄버거 체인점인 맥도날드 점포가 1만 2,000여 개라는 사실에 비추어 보면 미국이 공공도서관 설치에 얼마나 열성인지 가늠할 수 있습니다. 가까운 일본 역시 동경 시내에만

350개, 전국에 3,111개가 넘는 공공도서관이 있습니다. 우리나라 전역에 607개의 도서관이 있는 것과 적잖이 비교되는 수치입니다. 1인당 장서 수 역시 미국이 3권, 프랑스가 2.5권, 일본이 1.8권이지만, 우리나라는 1인당 1.06권에 머물고 있습니다.

그러나 우리나라도 대통령 소속 도서관정보정책위원회가 2013년까지 인구 8만 명당 1개인 도서관을 인구 5만 명당 1개로, 1인당 장서 수 1.6권(8000만 권)으로 늘린다는 계획입니다. 21세기 국가경쟁력의 바탕은 지식, 정보, 문화 등 무형의 지적 자산에 있기 때문에 활자로부터 이탈하는 국민들을 붙잡고 미래를 준비한다는 포부의 일환입니다.

일본 역시 2005년 '문자활자문화진흥법안'을 제정해, 도서관을 확장하고 모두가 문자활자 문화의 혜택을 누리며 학교 교육 전 과정에서 읽는 힘, 쓰는 힘 및 조사하는 힘을 기르도록 하겠다는 내용의 법안을 확정했습니다. 공공도서관 확충, 학교도서관과 공공도서관의 네트워크화, 출판 지원, 교육기관 도서관의 개방, 사서교사와 도서관 직원 배치 확대 등의 세부정책도 갖추었습니다.

영국은 0~1세의 영아들에게 책을 나눠주는 '북스타트운동'으로 갓난아이 때부터 책 읽는 습관을 길러준다는 목표이고, '내셔널 커리큘럼'으로 읽기 교육을 강조해 아이들이 책을 즐기고 평가하고 선택하는 능력을 길러 상상력과 창조력, 비판적 인식 능력을 발전시키도록 학교에 요구하고 있습니다.

캐나다는 공공도서관의 프로그램을 통해 독서 활동을 지원합니다. 거의 모든 도서관에서 또래 아이들을 모아 책을 읽는 '이야기 시간'을 운영하며 혼자 책을 읽을 수 없는 아이들에게 전화로 책을 읽어주는 '이야기 전화'도 운영하고 있습니다.

독일은 21세기를 10여 년 앞둔 1988년부터 독서진흥재단을 만들어 지속적인 독서 운동을 펼치고 있고, 싱가포르는 21세기 스쿨 업그레이드 운동으로 '생각하는 학교, 공부하는 국가'를 캐치프레이즈로 내걸고 학교도서관 리모델링 및 확충 사업을 벌이고 있습니다. 지금 세계는 그야말로 책 읽기 전쟁이 벌어지고 있는 듯합니다. 그러나 한국의 교육은 지금 어떤지요? 여전히 교과서 중심의 단순 암기 능력으로 아이들을 줄 세우고 있습니다.

그렇다고 희망이 없는 것은 아닙니다. 한국의 도서관 정책 역시 이런 측면에서 볼 때 아직은 미흡하지만 그 시도만은 고무적이라고 할 수 있습니다. 학교도서관 정책은 도서관 정책 중에서도 으뜸이어야 합니다. 한국은 2003년부터 2007년까지 '학교도서관 활성화 계획'을 추진해 5년간 3000억 원의 재정을 학교도서관 리모델링에 투자, 설치율 94퍼센트에 이르는 1만여 개의 학교가 도서관을 갖추고, 도서관 문화를 즐길 준비를 약소하나마 마쳤습니다.

그러나 아직 한참 부족합니다. 책 보유량은 학생 1인당 9.8권으로 미국 25.9권, 영국 11.7권, 일본 20권 등에 비하면 크게 부족하며, 사서교사 배치율도 전국 11,173개 도서관 중 653명인 5.77퍼센트에 그치고, 비정규직에 사서자격증미소지자 전담인력까지 해도 3,000여 개밖에 이르지 않습니다. 나머지 7,500여 개 학교는 교사가 학교도서관 담당교사를 겸하고 있는 실정입니다. 1995년 당시 일본이 학교당 2.2명, 미국이 1.9명의 사서를 배치해 각 과목마다 교과교사와 사서교사가 연합해 적극적인 도서관 활용 수업, 독서 수업, 탐구 수업을 하는 것과 비교하면 엄청난 차이가 있습니다.

앞으로의 교육이 어떠해야 하는지 그 정답은 이미 나와 있습니다. 21세기 지식정보사회에 필요한 인재를 길러 내기 위해서는 학생 스스로가 정보를 활용하는 경험을 통해 새로운 지식을 만들어 가도록 도와줌으로써 창의적 사고와 문제해결력을 신장해야 합니다. 학교도서관은 이러한 21세기 교육에 필요한 핵심 기관이며, 교육 혁신을 위한 핵심 동력입니다. 학교도서관은 학생들이 정보자료의 활용과 독서 과정을 통해 학습하고, 사고하는 교육의 장이 되어야 합니다.

이에 〈학교도서관저널〉은 ●학교도서관 운영에 필요한 정보, 학교도서관 활용에 관한 정보, 도서관 정책·독서문화 정책·교육정책에 대한 올바른 목소리, 교과교사와 사서교사, 사서를 위한 정보, 그리고 아이들에게 독서의식을 키워 줄 수 있는 글들을 실어 학교도서관 활성화에 기여하고자 합니다. 또한 ●학교도서관에 반드시 비치되어야 할 양서에 대한 체계적이고 종합적이며 객관적인 정보를 제공하여 학교도서관이 처한 양서 목록에 대한 정보 부재로부터 벗어나게 하며, ●학교도서관 활성화를 통해 출판문화의 동반 성장을 꾀하고자 합니다. 국가의 미래, 교육의 미래, 그리고 출판의 내일을 위한 그 중심에서 〈학교도서관저널〉은 핵심적 역할을 하고자 합니다.

바쁘시더라도 참석하시어 많은 격려와 지도바랍니다.

(주)학교도서관저널의 설립 자금 모금 목표액은 5억 원이었다. 참여자 1인당 투자 하한선은 1000만 원으로, 상한선은 5000만 원으로 정했다. 사공이 많으면 배가 산으로 가는 경우가 많았기 때문에 그리 정한 것이다. 하지만 모금은 쉽지 않았다. 5억 원을 모으려 했지만 나서는 사람은 많지 않았다. 가까운 친구마저 내가 성공하지 못할 것이라고 떠들고 다닌다는 말도 들렸다. 친구도 투자에 참여하지 않았거니와 그와 가까운 이들도 모두 참여하지 않았다. 모인 금액은 3억 5000만 원에 불과했다. 그런데도 나는 창간을 강행했다.

그 뒤는 가시밭길이었다. 초기에는 기획위원, 추천위원, 서평위원 등 100여 명이 대의 하나만으로 뭉치다 보니 작고 소소한 다툼이 벌어졌다. 창간 준비호를 펴내고 나와 함께 모금을 다니던 기획실장이 그만두고, 창간호를 펴내고 추천위원장이, 2호를 펴내고 기획위원장이, 3호를 펴내고 편집장이 떠났다. 그러나 잡지의 좋은 점은 마감이 있다는 것이다. 달마다 어김없이 책은 나왔다. 어느 정도 지나니

의견이 모아지기 시작했다. 주요 간부들이 떠났지만, 먼 지방에서
비행기나 버스를 타고 와서 회의를 하고 막차로 내려가는 선생님들
이 뜻을 모으니 못할 것이 없었다.

　나는 선생님들이 존경스러웠다. 잡지〈청소년문학〉을 오랫동안
이끌었던 박상률 선생이 '3호 잡지'만 되지 말라고 말하기도 했던
〈학교도서관저널〉 창간 이후 이제 14년이 흘렀다. 방학 때는 합본
호를 펴내 한 해에 10권이 출간되니 통권으로 140호다. 지금은 학
교마다 〈학교도서관저널〉이 눈에 잘 띄는 자리에 놓여 있더라는
'증언'이 자주 들려온다. 선정 비용이나 광고 비용과 연계되지 않은
공정한 도서 선정을 하고 서평을 써서 책을 추천하니 공신력이 높
아졌다. 경솔하게 창간해 놓고 마음을 졸이던 나도 이제는 미래가
보인다고 안심할 정도가 되었다.

　세 번의 무모한 도전 중에서 내가 가장 잘한 도전은 〈학교도서관
저널〉 창간이다. 돈을 많이 벌어서? 아니다. 가장 공익적인 일이기
때문이다. 아이들의 미래는 나라의 미래다. 지금도 일제고사의 부
활을 시도하는 세력이 있다. 하지만 그게 잘못된 판단이라는 것을
교사들이 알기에 효과는 지극히 미미하다. 〈학교도서관저널〉은 내
가 세상을 떠난 뒤에도 지속적으로 출간할 수 있는 시스템을 만들
기 위해 지금도 분투하고 있다.

나를 버티게 한
'창비'에서의 배움

두 잡지에 관한 대략적인 설명이 끝났으니 과거로 돌아가 보자. 나는 20대 후반과 30대를 창비에서 보냈다. 창비를 떠나는 순간까지도 창비에서 정년을 맞이하는 삶을 꿈꿨다. 15년 동안 당대 최고의 문인과 지식인 들이 드나드는 출판사에서 일하며 그들에게 많은 것을 배웠다. 홀로서기를 하고도 25년을 버틸 수 있었던 것은 그 시절의 배움이 있었기 때문일 터다. 특히 출판평론가로 살 수 있었던 것은 두 분의 도움이 가장 컸다.

한 분은 2017년 1월에 타계하신 민음사 박맹호 회장이다. 박 회장이 2012년 말에 팔순을 맞이하여 펴내신 회고록 『책』(민음사)에는 "한길사, 창작과비평사, 문학과지성사, 민음사가 없었다면 오늘의 민주주의는 없다. 1970~80년대 독재정권은 이들이 출판한 수많은 학술 도서를 금서로 낙인찍었다. 그래도 사람들은 금서만큼은 반드시 찾아 돌려가며 읽었다. 독재의 금서가 민주혁명을 키운 것"이라는 언급이 나온다. 이 글은 전남대 철학과 박구용 교수가 〈경향신문〉에 발표한 칼럼에서 인용한 것이었다. 그래서 원문을 찾아보았더니 "그런데 민주주의가 성취되고 금서가 사라지면서 역설적으로 민주주의가 위기를 겪고 있다. 더 나은 세상을 위해 어떤 책을 읽어야 할지 알 수가 없어서다"라는 지적이 나왔다.

　박 회장의 자서전에서 가장 감동적으로 다가오는 것은 "창조하는 쾌감이야말로 민음사를 형성한 밑바탕"이라는 회고다. 실제로 박 회장이 이끄는 민음사는 남들이 가지 않은 분야에 첫발을 디디며 새로운 패러다임을 창출하는 창조적 발상으로 빛나는 성과를 끊임없이 보여 줬다. 이러한 성과보다 중요한 것은 박 회장이 발굴한 신인 작가와 출판인 들이 아닐까 싶다. 한번 발굴한 작가는 꾸준한 성장을 도왔다. 박 회장은 작가뿐 아니라 출판전문가들도 키워 냈다. 편집자 정병규를 한국 최초의 전문 북디자이너가 될 수 있도록 지원했을 뿐만 아니라 이영준, 이갑수, 박상순, 장은수 등 걸출한 출판기획자들을 지원해 '전문 편집자 시대'를 열었다.

　박 회장은 『책』에서 "책은 한 인간을 과거의 삶에서 건져 내 새롭게 만들고 성숙한 인간으로 탈바꿈시키는 데 결정적 기여를 한다. 오랜 시간의 학습이 아니라 어쩌다 마주친 단 한 권의 책으로도 사람의 인생은 180도로 달라진다. 때때로 책과 그 책을 출판하는 행위는 학교교육을 능가한다. 한 출판사에서 정성 들여 만든 한 권 한 권의 책이 모여서 한 사회의 정신적 가치를 이루고, 학교에서는 결코 맛보지 못했던 진실한 감동을 주고 영혼의 결실을 맺기도 한다. 나는 출판사가 지속적으로 양서를 펴냄으로써 정신의 대학을 이루는 것을 출판의 본원적 의무라고 생각해 왔다. 나의 반세기 넘는 출판 인생은 어쩌면 이러한 생각 위에서 이루어졌다"라는 자신의 출판관을 제시했다.

박 회장은 나를 볼 때마다 늘 〈기획회의〉에 대한 말씀을 아끼지 않으셨다. "예술은 천재가 하는 것이고, 나 같은 사람은 그러한 천재를 북돋는 일이나 잘하면 다행이지"라고 겸손하게 자신을 낮추신 박 회장이 작가나 편집자를 키우는 데 탁월한 능력을 발휘하셨다는 것은 자서전을 읽으면 저절로 확인된다. 출판의 과거를 제대로 살펴볼 수 있는 책은 매우 드물다. 더군다나 박 회장은 늘 "출판은 영원한 벤처"라고 말씀하셨다. 나는 출판의 청사진을 다듬을 때마다 이 책을 거듭 읽곤 한다. 박 회장은 "출판은 벽돌 쌓기"라고 하셨다. "누군가는 돈을 벌어 저 (수십 층의) 빌딩을 올렸을 테지만 나는 평생 책을 쌓아 올린 셈"이라고도 하셨다.

내가 출판평론가로 살 수 있었던 것은 박 회장의 은덕 때문이었다. 박 회장은 내가 〈송인소식〉을 펴내기 시작했을 때 이미 주변에 "한기호 같은 사람이 10년 전에만 나타났으면 한국출판은 벌써 크게 발전했을 것"이라 말하며 나를 남몰래 지원했다는 사실을 나중에 알았다. 내가 그 사실을 안 것은 한국출판마케팅연구소를 개소한 지 5년도 더 지난 뒤였다. 내가 연구소를 창업하자마자 여러 매체에 글을 쓰면서 출판평론가로서의 경력을 쌓게 된 것도 박 회장이 한 언론사 문화부에 나를 추천하셨기에 가능한 일이었다. 돌이켜 보니 민음사는 〈기획회의〉 창간호부터 지금까지 한 번도 쉬지 않고 광고를 지원했다. 그렇다고 민음사 직원에게 서평을 써 달라는 식의 요구를 받아 본 적은 없다.

*

누누이 강조했듯이 21세기는 '편집적 상상력'이 주도하는 시대다. 넘치는 정보를 효과적으로 연결해 만들어 낸 새로운 상상력을 독자에게 제시해야만 한다. 박 회장이 전문 편집자 양성에 물심양면을 다하셨던 것처럼, 〈기획회의〉 역시 능력 있는 출판기획자들과 편집자를 끌어내고 필자를 발굴하기 위해 노력했다. 이러한 노력은 〈기획회의〉 창간 15주년 기념 특별 단행본 『한국의 출판기획자』(한국출판마케팅연구소)에 총체적으로 정리하기도 했다.

1983년 창비에 입사해 판금 서적을 판매하는 일부터 했다. 그야말로 '007작전'을 펼치듯 했다. 그게 한 번도 문제가 되지 않은 게 이상할 정도였다. 그 책을 읽었던 사람들의 인생은 어떻게 바뀌었을까? 사노 신이치는 『누가 책을 죽이는가』(시아출판사)를 펴낸 직후인 2001년 한 인터뷰에서 "책은 읽는 사람의 인생을 결정하기도 하고 혁명에 눈뜨게 해 주는 동기가 되기도 한다. 그런 의미에서 말하면 책은 지극히 폭력적인 미디어이지만 인간관계를 부드럽게 만들어 주는 대화의 영양소가 된다는 면에서 이만큼 평화로운 미디어도 없다"고 말한 바 있다. 나도 책으로 인해 인생이 바뀌었다.

그건 〈창작과비평〉이었다. 고등학교 2학년 때 버스 안에서 〈문학사상〉을 읽고 읽었는데 대학생으로 추정되는 이가 서점에서 〈창작과비평〉을 찾아보라고 했다. 그래서 〈창작과비평〉을 읽기 시작했는데 여러 인연을 거쳐 결국 창작과비평사에 입사하게 됐다. 그때 〈창작과비평〉은 1980년 여름호(56호)를 끝으로 강제 휴간에 들어가 출간되지 않을 때였다. 나는 1980년에 도피하면서 56호를 들고 다녔다. 보안사 조사를 받던 서대전경찰서 유치장과 헌병대 영창과 대전교도소를 거치는 동안에 들고 있던 게 이 책 한 권뿐이어서 몇 번이나 읽었다.

창비에 입사했을 때 〈창작과비평〉 과월호는 파주의 한 시골 농가 헛간에 쌓여 있었다. 2.5톤으로 일곱 대 분량이었다. 그걸 교보문고 매장 책임자의 배려로 매장에 진열해 놓고 팔았는데 3일 동안 봉고차 한 대 분량의 책을 실어 날라야 했다. 권당 1000원에 팔았는데도 한 달에 100~150만 원의 돈을 수금할 수 있었다. 당시 한 달 급여가 27만 원이었으니 적은 금액은 아니었다.

창비에 입사한 그해 연말 과장 발령을 받았다. 25세였다. 1988년

〈창작과비평〉이 복간될 때에는 이미 부장이었다. 30대 초반에 마케팅 책임자가 된 나는 운이 좋아서 1990년에 밀리언셀러를 만져 봤다. 이은성의『소설 동의보감』(창비)이 처음부터 잘 팔린 것은 아니다. 완간되고 75일 동안은 팔리지 않았다. 초판 1만 질을 발행하고 절반쯤 서점에 배본했지만 재주문은 거의 없었다. 정말 회사에서 쫓겨나지 않기 위해 할 수 있는 일은 다 했다. 그러다 교보문고의 문학담당 신용군 과장의 도움으로 〈조선일보〉에 작가 이문열의 서평이 실리면서 책의 운명이 달라졌다. 창고에 쌓여 있던 5000질의 책이 서평이 발표된 날 모두 판매되었다. 이후 이 소설은 역사인물소설의 시대를 열었다.

이후에는 계획적으로 마케팅을 해 볼 수 있었다. 두 번째로 크게 성공한 책은 유홍준의 '나의 문화유산답사기'(창비) 시리즈였다. 초판 2만 부로 시작해 두 달 만에 10만 부 돌파가 1차 목표였다. 론칭 광고비 5000만 원을 투입했다. 이 마케팅 계획을 임원진 앞에서 10분 안에 설명해야 했다. 10분 안에 상대를 설득하기 위해 무수하게 고민했다. 기계적인 시장조사가 아닌 심층적인 시장조사를 한 덕분에 1차 목표는 달성되었다. 이후 출판사를 떠났지만 '나의 문화유산답사기'는 30주년을 맞이하는 올해에도 꾸준히 독자의 사랑을 받고 있다. 매권마다 글쓰기를 달리하는 저자의 노력 덕분에 이런 결과를 낳았을 것이다. 하지만 이 책의 성공 이후 나는 "지도를 스스로 그리며 항해하는 사람"으로 살고자 했다.

창비에 근무하던 시절 백낙청 선생은 매주 수요일 오전에만 출근하셨다. 내게 주어지는 시간은 10분 미만이었다. "어떻게 할까요?"라고 물어볼 수는 없었다. "이렇게 하겠다"고 말하며 짧은 시간 안에 그 이유를 설명하려고 노력했다. 좀 길게 설명하려고 하면 선생은 시계를 보면서 내가 머리가 나쁜 사람이 아니니 요점만 이야기하라고 말씀하셨다. 창비를 떠나고 한참 뒤에 한 저널리스트에게 이런 경험을 이야기했더니 내게 '엘리베이터 스피치'를 아느냐고 물었다. 할리우드 영화감독들은 엘리베이터를 타고 내리는 짧은 시간 안에 제작자를 설득한다는 이야기였다. 고층 빌딩이라고 해도 엘리베이터를 타고 내리는 시간은 지극히 짧다. 이것을 일본의 자기계발서식으로 말하면 '3분력'이다.

이런 삶을 산 덕에 출판사를 떠나서는 출판평론가로 살 수 있었다. 출판평론가로 일하는 20년 동안 쉬지 않고 각종 매체에 칼럼을 발표했다. 〈한겨레〉에는 9년, 〈경향신문〉에는 10년 동안 연재했다. 칼럼은 200자 원고지로 10매 내외, 길어야 13.5매를 넘지 않았다. 주간, 격주간 연재가 많았다. 2020년에 모두 모아 보니 200자 원고지로 7000매가 넘었다. 그 칼럼들은 글로 말하는 엘리베이터 스피치였다. 나는 지금도 회의를 길게 하는 것을 좋아하지 않는다. 그리고 나는 '직감'으로 모든 것을 결정하곤 한다. 산전수전을 모두 겪어서일까! 직감은 틀린 적이 거의 없다. 그것은 무수한 책을 읽었기에 가능한 일이기도 하다.

〈기획회의〉안정화에
기여한 글 한 편

독일의 1982년생 저널리스트인 올리버 예게스의 『결정장애 세대』(미래의창) 원제는 '메이비 세대Generation maybe'다. 메이비 세대는 모든 걸 공개하고 공유하는 최초의 세대이다. 좌파도 우파도 아니다. '빅브라더'가 모든 것을 조종하는 상황이나 '보이지 않는 손(시장)'이 지닌 무한한 힘도 믿지 않는다. 그들 앞에는 너무 많은 선택의 기회가 놓여 있다. 원하는 게 무엇이든, 마우스 클릭 한 번이면 해결된다. 그러나 그들은 결정을 쉽게 내리지 못한다. 어딘가에 정착하지도 못하고 한 가지 일에 집중하지도 못한다.

'메이비 세대'는 올리버 예게스가 독일 일간지 〈디 벨트〉에 기고한 한 편의 칼럼이 열렬한 호응을 받으며 페이스북과 트위터를 타고 삽시간에 유럽 전역으로 퍼져 나가는 바람에 세상에 회자되었다. 짧은 글 한 편이 세상을 바꾸는 계기를 만든다. 〈기획회의〉로 제호로 바꾼 다음 잡지의 이름을 널리 떨치게 만든 것도 한 편의 글이었다. 바로 〈기획회의〉 137호(2004년 9월 5일)에 실린 당시 서울대 영문과 교수 김성곤의 「팩션: 환상과 현실의 경계해체」였다.

'팩션'은 국내 잡지에서 특집으로 소개한 신조어였다. 이 글을 청탁한 배경은 이렇다. 나는 2000년부터 지금까지 역사와 지식이 갖는 사실적 상상력인 팩트fact와 허구적 상상력인 픽션fiction이 결합되는 것을 퓨전의 한 사례로 줄기차게 소개해 왔다. 예를 들면 프랑스의 갈리마르가 출간한 'Scholar World Books(스칼라 월드 북스)'는 오랫동안 아이들의 상상력을 키워 준 아동용 고전 명작들에 활자를 통한 이야기의 상상력과 풍부한 각종 사진자료, 삽화, 그림, 지도, 드로잉, 명화 등 영상 이미지가 주는 상상력을 결합시켜 상상력의 시너지 효과를 독자에게 안겨 주려 한 대표적인 시도였다.

나는 이 사례를 『디지털과 종이책의 행복한 만남』(창해)에서 "지금까지 허구적 상상력과 역사와 지식이 갖는 사실적 상상력은 책이라는 하나의 사각의 장ground에서는 도저히 공존할 수 없을 것처럼 보였다. 그러나 디지털이 등장함으로써 수많은 정보는 컴퓨터 모니터 속으로만 숨어들게 된다. 이로 인해 삶의 불투명성을 자각한 인간은 문명에 의한 가공물로서의 아날로그, 즉 사물object로서의 아날로그보다 있는 그대로의 자연물, 즉 물건thing 그 자체로서의 아날로그를 더욱 필요로 하게 되었다. 촉각을 중시하는 새로운

'물성物性적 상상력'을 추구하게 된 것이다. 책의 신체성을 새롭게 하는 이러한 상상력은 디지털의 등장으로 재발견된 것이다. 이러한 콘셉트를 정확하게 응용한 것이 바로 갈리마르의 새 시리즈"라고 분석한 바 있다.

사실 이런 경향은 여러 형태로 나타나고 있었다. 이미지 자료를 사용하지 않고 글만으로 팩트와 픽션을 결합시킨 모습을 여러모로 볼 수 있었다. 대표적인 것이 『다 빈치 코드』(베텔스만)와 『단테클럽』(황금가지)이었다. 하지만 이 소설들이 유행하는 이유를 정확하게 분석하는 글은 발견할 수 없었다. 그러다 김성곤 교수가 쓴 「왜 지금 판타지인가」(〈북페뎀: 장르문학〉)란 글을 읽게 됐다.

김 교수는 그 글에서 "판타지가 부상한 또 한 가지 이유는 아마도 현실과 환상의 경계해체 현상 때문일 것이다. 모더니즘 시대에 사람들은 리얼리티를 고정되고 불변하는 것으로 믿었다. 그러나 지금은 더 이상 리얼리티가 확고하고 절대적인 것이 아니라 극도로 불안하고 유동적이며 가변적인 시대에 살고 있다. 또한 우리는 현실이 환상 같고 환상이 현실 같은 시대에 살고 있다. 즉 오늘날의 복합적인 리얼리티는 보르헤스의 말대로, 그 자체가 불가해하고 환상적이어서 현대인들은 판타지적인 현실에 이미 익숙해져 있다는 것"이라고 분석했다. 나는 그 글을 읽고 '바로 이거다'라는 생각에 편집자를 불러 김 교수에게 팩션에 관한 글을 청탁하라고 했다.

그때 김 교수가 보내온 글의 제목을 보자마자 "매우 섹시하다"며

쾌재를 불렀다. 이 글이 나간 뒤 반응은 무척 뜨거웠다. 이후 〈기획회의〉 140호(2004년 11월 20일)에서는 그해의 '10대 뉴스'를 발표했는데 1위가 "개인의 자기 상상력 추구"였고, 2위가 "팩션의 유행"이었다. 그해 말, 수많은 언론에서 출판 시장을 결산하며 이 글을 인용했다. 이후 팩션은 출판뿐만 아니라 문화계의 조류가 됐다.

〈기획회의〉 창간 20주년 기념호인 481호(2019년 1월 5일)에는 20년 동안 실린 글 중에서 '베스트 5'를 꼽아 각 글에 코멘트를 달았다. 나는 「팩션: 환상과 현실의 경계해체」에 「〈기획회의〉 안정화의 최고 공신」이라는 제목의 코멘트를 달았다. 2004년 〈송인소식〉을 〈기획회의〉라는 제호로 바꾸고 무척 고전하고 있었다. 한 신문에 국내 주요 언론 기자들의 글을 비판하는 칼럼을 발표한 이후 언론의 눈치를 보던 출판계 일부 인사들의 따돌림도 감수해야만 했다. 〈기획회의〉에 광고를 게재하지 말고, 인터뷰에 응하지도 않으며, 글을 쓰지 말자는 뜻을 모았다는 이야기도 들려왔다. 하지만 연말 즈음 수많은 언론에 〈기획회의〉의 글이 대서특필되면서 분위기가 바뀌었다. 당연히 살림도 나아졌다.

김 교수는 『히스토리언』(전 3권, 김영사)의 해설 「팩션은 어떻게 대중을 사로잡았는가?」에서도 1960년대 미국 문단에 등장했던 팩션이 40여 년이 지난 지금, 다시 한번 새로운 가능성으로 부상하는 이유를 설명하고 있다. 지금 이 시대가 1960년대처럼 계시록적이며 불안하고 불만족스럽다는 것과 절대적 진리에 대한 확신을 버리고, 사물의 고정된 경계를 해체하며, 또 다른 시각으로 사물을 봐야 한다는 포스트모던 인식이 확산된 것이 그 이유라는 것이다.

다시 말하면 "우리가 그동안 절대적 진리로 믿어 왔던 종교적, 정치적 신념이나 역사적 사실들을 재조명하고, 지배문화에 의해 주변부로 밀려나 소외된 또 하나의 문화와 진리, 그리고 역사를 찾아내 드러내 보자는 공동의 합의" 때문이다. "사실과 허구, 그리고 실재 인물과 가상인물이 혼합되는 팩션은 바로 그런 작업을 효과적으로 수행할 수 있는 가장 효과적인 문학양식"이기에 '팩션'이 대중을 사로잡았다는 것이다.

실재는 현실과 잠재성을 합한 것이다. 빙산의 경우 물 위로 드러난 부분은 현실이고 물속에 잠겨 있어 볼 수 없는 부분은 잠재성이다. 철학자 이정우 교수에 따르면 잠재성은 "상상적인 것, 가상적인 것, 판타지가 아니라 객관적 존재"이다. 팩션 또한 존재했던 것이지만 그 중요성을 모르고 있다가 그것이 수면 위로 떠올라 우리를 압도하면서 그 실체를 확인한 것이다.

이후 팩션은 '대단한 현실'이 되었다. 이정우 교수의 말대로 "상상적인 것, 가상적인 것, 판타지가 지배하는 세상에서는 진실을 밝히는 작업, 객관적인 진리를 밝히는 작업보다 말초적인 재미를 주고 허망한 환상을 심어주는 작업이 거대한 산업으로서 군림하게 된다. 우리의 시대는 이런 현실과 싸우면서 객관적 진실의 인식을 기초로 한 현실개혁이 요청되는 시대"이기에 잠재성의 사유라 할 수 있는 팩션의 강은 더욱 도도하게 흐르고 있다.

*

키워드 중심으로 세상을 바라보는 것은 인간의 검색 습관과 매우 닮았다. 나는 키워드 중심으로 출판 시장을 바라보기 시작했다. 연말에는 키워드 중심으로 10대 뉴스를 뽑다가 이후 30~50대 뉴스를 선정해 발표했다. 출판 시장을 인문, 아동, 청소년 등 카테고리 중심이 아니라 키워드 중심으로 살펴보면 책의 콘셉트가 선명해지고, 키워드를 정해서 타깃 독자를 배려해 책을 구성하면 시장성이 더 큰 책을 만들 수 있다고 판단했다. 2006년 무렵, 이미 온라인서점 담당자에게 독자들이 키워드 검색을 통해 책을 구매하는 비율이 80퍼센트를 넘어섰다는 이야기를 들었다.

〈한겨레〉 2004년 8월 14일 자에 「장남 분석 통한 남성학-의무에 허덕이는 서글픈 존재」란 칼럼을 발표했다. 베스트셀러 『대한민국에서 장남으로 살아가기』(명진출판)와 『남자의 탄생』(푸른숲) 등을 분석한 글에서 "책임의식이 강하고 안정·질서·조화를 추구하며 자신의 삶을 되돌아보기를 즐기는 '와인세대(45~64세)'를 중심으로 장남정신에 많은 눈물을 흘릴 만큼 우리가 각박해진 것은 분명하다. 남자의 솔직한 고백을 용인하고 들어주는 것만으로도 우리 사회가 한층 성숙해진 것으로 볼 수도 있다. 하지만 지금 우리에게 필요한 것은 '굶주림'을 해결해 주는 '장남'의 출현이 아니라 참다운 인간정신과 개척정신이다"라고 썼다.

미디어다음은 이 글의 제목을 '대한민국 서글픈 이름, 장남'으로 바꿔 사이트에 올렸는데 곧바로 가장 많이 본 기사 1위에 올랐다. '첫 메달 나왔다, 유도', '중국 정부차원에서 역사왜곡', '융프라우서 한국인 사망', '〈파리의 연인〉 결말 바뀐다', '추석표 인터넷 암표상 극성', '텍사스, 박찬호에 구조요청' 등을 누르고 오른 1위였다. 칼럼에는 엄청난 댓글이 달렸다. 다들 장남이니 차남이니 장녀니 하며 자기 이야기를 늘어놓았는데, 칼럼 중에 인용한 정치인들과 결부해 글을 쓴 사람도 적지 않았다.

이런 일을 겪으면서 키워드 중심으로 세상을 바라본 것이 옳았다는 판단이 들었다. 키워드 중심의 사고는 『21세기 지식 키워드 100』, 『21세기 문화 키워드 100』, 『키워드로 읽는 책』(이상 한국출판마케팅연구소) 등의 출간으로 이어졌다. 『21세기 지식 키워드 100』은 계몽주의, 권력, 근대성, 노년, 놀이와 인간, 디지털, 링크, 소비사회, 신교양 시대, 신자유주의, 유목민, 이미지, 실크로드, 하이브리드, 하이퍼텍스트, 휴머니즘 등 우리 시대를 이해하는 데 필요한 지식의 키워드 100가지를 골라 200자 원고지 10매 내외로 설명한 책이다. 단순히 키워드의 사전적 의미나 개념을 나열하는 방식이 아니라 키워드가 지닌 역사적이고도 본질적인 의미를 조명하고, 왜 주목해야 하는지까지 소개하고 있다.

정치, 경제, 역사, 철학, 사회, 문화, 과학, 예술 등의 분야에서 엄선한 다양한 키워드가 담겨 있으며, 이 키워드에 관련된 책 중 국내에서 발간된 것들을 함께 소개하고 있다. 개념을 이해하기 위해 꼭 읽어야 할 책 5권과 더 읽어야 할 책 10여 권이 그것이다. 〈송인소식〉 100호 기념으로 출간된 이 책은 문화관광부 2003년 추천 도서로 선정되었을 뿐 아니라 1만 부 이상 판매되어 초창기 연구소 살림에도 많은 도움을 주었다.

이어서 출간된 『21세기 문화 키워드 100』은 개그콘서트, 꽃미남, 누드, 동거, 디지털카메라, 로또복권, 부자, 아바타, 애인, 유비쿼터스, 주5일제, 한류, 홈쇼핑 중독 등 우리 시대를 이해하는 데 필요한 문화 키워드 100개를 다뤘다. 100개의 키워드를 하나하나 읽으며 퍼즐 조각을 맞추는 것과 같은 즐거움을 맛볼 수 있게 구성한 책이다.

『키워드로 읽는 책』은 우발적 접촉이 가능한 인터넷의 장점을 책으로 흡수해 30개의 키워드를 중심으로 출판 시장을 바라보려는 시도로 기획했다. 2004년 출판계에서 핫 토픽으로 부상했던 팩션, 2005년 가장 중요한 키워드로 뽑힌 임파워먼트를 비롯해 심리학, 장남, 블루오션, 리메이크, 영상과 책, 자기계발서, 공부, 토익 등에 관한 글을 실었다.

또한 〈기획회의〉 500호(2019년 11월 20일) 발간을 기념해 『한국출판계 키워드 2010-2019』(한국출판마케팅연구소)란 특별 단행본을 기획했다. 그때는 2010년대가 끝나는 시점이었다. 1981년부터 2010년에 이르는 기간에 베스트셀러 목록에 오른 책들을 소개하고 분석해 한국의 베스트셀러 역사를 한눈에 볼 수 있도록 해 주는 『베스트셀러 30년』(교보문고)을 펴냈던 나는 2010년대 출판의 역사를 색다르게 정리해 보고 싶었다.

〈기획회의〉는 2010년 들어 매년 30~50개에 이르는 올해의 키워드와 대표 키워드를 발표해 왔다. 〈기획회의〉의 2010년부터 2019년까지의 특집을 모으면 소략한 역사가 되겠다고 생각했다.

2010년대는 스마트폰과 함께 시작했다고 볼 수 있다. 2010년대가 지고 있는 시점에서 10년을 되돌아보니 스마트폰이 출판 시장을 완전히 변모시켰음을 확인할 수 있었다. 고전만 하다가 문을 닫을까 고민하던 조아라나 문피아 등이 힘을 얻어 성장하기 시작한 것이 2010년이다. 이후 네이버와 카카오도 웹툰과 웹소설로 책 시장의 맹주가 되었다. 소설 『회색 인간』(요다)의 작가 김동식은 2010년에 새로 산 스마트폰으로 온라인 창작 소설을 읽다가 직접 써 보고 싶다는 욕망을 발산하기 시작했다고 한다. 그리고 그는 지금 한국 문학계의 촉망 받는 작가가 되었다. 이제 누구나 스마트폰으로 글을 쓰고 읽는 시대가 되었다. 정리해서 나온 책을 보니 2010년대 출판의 역사를 키워드라는 임팩트가 강한 앵글로 제대로 들여다보았다는 생각이 들어 흐뭇했다.

잡지에 미처 살았던
'한스밴드'

불광불급不狂不及! 정민 선생의 『미처야 미친다』(푸른
역사)를 통해 알게 된 사자성어다. 이 책에는 미치지
않으면 이를 수 없다는 마음으로 살다 간 조선시대
마니아들의 이야기가 담겨 있다. "죄인으로, 역적으로, 서얼로, 혹
은 천대받고 멸시받는 기생과 화가로 한 세상을 고달프게 건너간"
시대적 반항아와 소수자 들의 내면 풍경이 다채롭게 펼쳐진다. 그
들이 활약한 무대는 지식의 패러다임에 본질적인 변화가 일어나던
18세기다. 18세기는 유럽의 르네상스에 버금가는 "한국판 문예부
흥기"라 할 수 있다.

〈기획회의〉 초창기에는 18세기를 배경으로 한 인문적 실용서
들이 크게 인기를 끌었다. 『미처야 미친다』를 비롯해 『조선의 뒷골
목 풍경』(푸른역사), 『열하일기, 웃음과 역설의 유쾌한 시공간』(그린

비),『정약용과 그의 형제들』(전 2권, 김영사) 등 역사, 고전, 신화 등의 맥락을 주관적으로 잡아 주는 인문서들이 큰 흐름을 이뤘다.

성리학 일변도의 조선에서 18세기는 하나의 문명이 새 문명으로 이월되는 단경기端境期였다. 정약용, 홍대용, 박지원, 박제가, 이덕무, 이옥 등 중국에서 유입된 서구의 과학기술과 천주학에 지적 충격을 받은 지식인들이 놀랄 만한 사유의 모험을 펼쳤다. 당연하다고 여겼던 지배적인 사유들을 공격하는 새로운 층위의 발랄한 사유와 글쓰기가 넘쳐 났다. 소셜미디어의 등장으로 아날로그와 디지털이 결합된 발랄한 상상력이 발휘되던 21세기 벽두에 18세기의 도전적인 사유들은 하나의 전범이 되었다.

서얼이라 벼슬길에 나갈 길이 막힌 이덕무는 스스로를 '간서치(책만 읽는 멍청이)'라 부르며 오로지 책만 읽었다. 가난하여 폐병에 걸린 어머니와 누이를 속수무책으로 보내고도, 열 손가락이 동상에 걸려서도 책 빌려 달라는 편지를 써 보낼 정도로 책에 미쳐 있었다. 안소영의『책만 보는 바보』(보림)에는 이덕무의 독서법이 나온다. 첫째, 굶주린 때에 책을 읽으면, 소리가 훨씬 낭랑해져 글귀가 잘 다가오고 배고픔도 느끼지 못한다. 둘째, 날씨가 추울 때 책을 읽으면, 그 소리의 기운이 스며들어 떨리는 몸이 진정되고 추위를 잊을 수 있다. 셋째, 근심 걱정으로 마음이 괴로울 때 책을 읽으면, 눈과 마음이 책에 집중하면서 천만 가지 근심이 모두 사라진다. 넷째, 기침병을 앓을 때 책을 읽으면, 그 소리가 목구멍의 걸림돌을 시원하게 뚫어 괴로운 기침이 갑자기 사라져 버린다.

나도 책에 미쳐 살았다. 출판사에서 보내 주는 책이 적지 않았다. 한 달에 1000권 이상의 책이 도착했다. 책을 보내 준 성의를 생각해서라도 열심히 읽어야 했다. 모든 책의 머리말이라도 읽으려고 노력했다. 자신 있는 분야의 책은 '찾아보기'부터 읽었다. 거기에서 새로운 용어를 발견하면 해당 페이지로 넘어 가서 읽다가 재미를 느껴 처음부터 끝까지 완독하는 경우도 있었다. 머리말과 결론만 읽어도 내용이 대강 파악될 정도였다. 하지만 그 많은 책을 혼자서 모두 소화하기는 힘들었다. 그래서 함께할 이들이 필요했다.

이 무렵 무크지로 시작했다 계간지로 펴내던 〈북페뎀〉의 편집위원 회의가 매주 수요일에 열렸다. 이 자리에는 이권우, 표정훈, 최성일 등 내로라하는 다독가들과 나 그리고 한미화가 참석했다. 한미화는 출판마케팅연구소 1호 직원이다. 회의가 끝난 뒤 저녁 자리에는 언제나 많은 출판 관계자가 모여들었다. 심야의 술자리로 이어지는 경우가 많았고, 그것은 확장된 편집회의였다. 그 자리에서는 책뿐만 아니라 출판 시장의 흐름에 대한 다양한 이야기로 열띤 토론이 벌어지곤 했다.

사무실에는 평상시에도 많은 사람이 찾아왔다. 그런 자리에 한미화는 항상 동행했다. 어느 날 나는 한미화가 자리에서 들은 중요한 사항을 모두 기록해 왔다는 사실을 알고 크게 놀랐다. 핵심적인 이야기가 기록되어 있는 노트는 중요한 참고자료가 되었다고 한다. 어떤 자리에서든 튀지 않고 조용히 듣기만 하던 사람이 나중에 그런 노력을 기울였다는 것에 탄복했다. 나는 늘 혼자 떠들다가 술에 취해 귀가한 뒤 술이 깨면 대부분 잊어버리곤 했으니 말이다.

당시 사무실은 번역기획을 하는 후배들과 함께 썼다. 수많은 사람이 들락거리는 출판사에서 근무했다 보니 직원과 단둘이 근무하는 것에 적응하기 어려웠다. 게다가 사무실은 둘이 쓰기에는 너무 넓었다. 후배들에게는 임대료나 관리비를 한 푼도 받지 않았다. 하지만 그들이 가져오는 소식이 값졌다. 다양한 사람을 만나니 그들이 원하는 정보가 무엇인지도 파악할 수 있게 되었다.

초창기에는 나와 한미화가 엄청나게 많은 기사를 썼다. 나는 주로 특집을 책임졌고 한미화는 연재를 도맡았다. '이 책 이 사람', '베스트셀러, 이렇게 만들어졌다', '우리 시대 스토리셀러의 계보' 등을 연재했다. '이 책, 이 사람'은 명성 있는 출판기획자 인터뷰로 200자 원고지 70매 분량이었다. 나는 우리가 망해도 그 사람들을 찾아가면 밥 한 끼는 사 줄 것이라며 50명만 만나 보라고 했다. '베스트셀러, 이렇게 만들어졌다'는 베스트셀러 탄생기였다. 1999년 연재는 2000년에, 2000년 연재는 2001년에 무크지 형태로 출간한 뒤 마무리됐지만, 10년만 지속됐다면 베스트셀러에 대한 담론이 확실하게 구축되었을 것이다.

'우리 시대 스테디셀러의 계보'는 2000년 한 해 동안 연재했다. 24개의 꼭지를 모아 2001년에 단행본으로 펴냈는데 한미화는 책의 머리말에서 "한 권의 책은 단지 종이에 글자가 인쇄된 사물이 아니다. 살아 있는 무엇이다. 당대를 살아 가는 수많은 사람들의 삶과 관심사가 반영되어 있을 뿐만 아니라 그 시대를 지배했던 사회, 문화, 그리고 이념의 결정체이자 장점이다. 그리고 이러한 사실을 오랜 세월 대중이 즐겨 읽었던 스테디셀러들을 통해 확인할 수 있었다. 따라서 이 책은 대중에게 사랑받은 책들과 독자들 사이에 이루어지는 교감을 밝히는 작업이기도 했다"고 밝혔다.

세 연재 모두 쉬운 작업은 아니었다. 그러나 한미화는 동시에 해냈다. 어느 날은 출근해 보니 밤새 쓴 원고가 내 책상 위에 놓여 있었다. 나는 글이 보이는 것이 아니라 "밤새웠다. 이제 어쩔래!" 하는 오기가 먼저 읽혔다. 그는 내가 "당근과 채찍의 상벌 전략"을 효과적으로 구사한 덕분에 해냈다고 말했는데, 정민 선생의 표현을 빌려 정말 미치지 않고는 그 일을 다 해낼 수 없었을 것이다.

특집 기사는 한 호에 200자 원고지로 200매가량 쓰는 일이 잦았다. 작고하신 소설가 이윤기 선생은 언젠가 "너는 엉덩이로 글을 쓰냐? 썼다 하면 200매냐?"고 말씀하셨다. 내가 무슨 대단한 실력이 있어서 그렇게 썼을까! 그저 원고료 줄 돈이 없어 열심히 썼다. 1년에 서너 차례 일본에서 출판 관련 잡지나 책을 사 와 열심히 읽고 썼다.

필자가 마감을 지키지 못한 원고도 내 몫이었다. 마감 날 손님과 술을 마시고 있는데 편집장이 전화로 결국 원고를 받지 못했다고 말하면 나는 8쪽만 비워 놓고 다른 것들은 마감하고 귀가해라, 내일 아침 출근하기 전까지 내가 써서 보내겠다, 라고 했다. 나는 바로 소주 한 병을 큰 컵에 따라 단숨에 비우고는 서둘러 귀가해 이른 잠을 잤다. 그리고는 새벽 두 시에 일어나 200자 원고지로 50매의 글을 여섯 시까지 썼다.

외부 일도 자주 들어왔다. 주로 중대형 출판사에서 의뢰한 출판 시장 분석 관련 연구 용역이었다. 강연도 꽤 했다. 많을 때는 한 달에 20여 차례 했다. 지금 돌이켜보니 미친 짓이었다. 이렇게 두 사람이 죽어라 일하는 모습을 보고 주변에서는 성이 같은 우리를 '한스밴드'라 부르기도 했다. 심지어 어느 신화학자는 두 사람이 부녀지간 아니냐고 이야기해 폭소를 터트리기도 했다.

출판 잡지를 만들고 기사를 쓰던 때의 일이다. 인터뷰 원고를 써서 선배에게 넘겼다. 드라마나 영화에서 보면 데스크 역할을 하는 상사가 원고를 집어던지며 "이것도 글이라고 썼어!" 하고 호통을 친다. 그런 일은 없었지만 평가를 받는 순간은 언제나 조마조마했다. 잠시 후 선배는 원고를 돌려주며 "너는 시사 주간지로 자리를 옮겨 인터뷰 전문 기자를 해도 되겠다"라고 말해 주었다. 그뿐이었는데 20년이 지난 지금도 그 말을 기억하고 있다. 어쩌면 그 격려의 힘으로 지금껏 글을 쓰고 있는지 모른다.

출판평론가로 출발했지만 이제는 어린이책 평론가로 더 맹렬하게 활동하는 한미화가 종합 베스트셀러에도 오른『쓰면서 자라는 아이들』(어크로스)에서 한 이야기다. 그 글을 읽고 무척 놀랐다. 이 글에서 선배라면 나인데 나는 그런 기억이 없다. 나는 공주사범대학 〈사대신문사〉 수습기자 시절, 밤새 쓴 글을 한 장만 보고는 "너는 글을 발로 썼어?" 하며 던져 버리는 편집장에게 매를 맞으며 글쓰기를 배웠다. 그 아픈 기억 때문에 후배들에게는 칭찬부터 해 주곤 하지만 나는 그 선배를 평생 스승으로 여기며 살고 있다.

　〈중앙일보〉에서 출판 이슈를 짧게 분석한 글을 주간으로 연재해 달라고 했을 때 공을 그에게 넘겼다. 처음 한두 번은 내가 읽고 수정 의견을 냈지만, 이후에는 스스로 완벽하게 정리할 줄 알았다. 나중에 KBS2라디오 〈황정민의 FM 대행진〉에서 책을 소개할 사람을 추천해 달라고 했을 때도 그를 추천했다. 거절하는 그에게 3년 동안 10분간 한 권의 책을 잘 소개하면 평생 먹고살 수 있는 능력이 저절로 생길 것이라며 강권했다.

　세월이 지나 그 시절을 떠올릴 때마다 미안했다. 한미화는 무슨 정신으로 그 일들을 모두 소화했을까? 2020년에 20년 동안 쓴 칼럼을 모아『책으로 만나는 21세기』(한국출판마케팅연구소)를 출간하기 위해 자료를 준비하다가 과거의 연구 용역 결과물을 발견하고는 한미화에게 전화를 걸었다. "우리가 그때 잡지를 포기하고 돈이 벌리는 책을 펴냈으면 각자 빌딩 하나는 갖고 있지 않을까?" 농담이었지만 한미화는 "그걸 이제 아셨어요!" 하고 대답했다.

한미화는 7년을 일하고 연구소를 떠났다. 말이 씨가 됐는지 〈황정민의 FM 대행진〉에서 3년을 채운 뒤였다. 특별한 사정이 있긴 했지만 무척 섭섭했다. 떠날 때 연구소의 먼지 하나도 아끼면서 살았다고 한 말이 무척 아프게 들려왔다. 이후에는 책을 기획하고 글도 쓰고 강연도 하고 있는데, 특히 어린이 독서와 글쓰기 분야에서 실력을 인정받고 있다. 나는 그에게 평생 미안해하면서도 그를 부러워한다. 나는 여전히 잡지라는 족쇄에서 벗어나지 못했지만 그는 홀홀 털고 자신이 하고 싶은 일을 하면서 잘 살고 있기 때문이다. 물론 그도 삶의 고뇌가 없지는 않으리라!

잘 굴러가는 회사에는 미친 사람이 필요하다. 나는 창비에 다닐 때 새벽 다섯 시에 출근하곤 했다. 영업직이라 술자리가 잦았는데 자정이 되어도 회사에 들러 출력해 놓은 일계표를 살펴본 다음 퇴근했다. 직장 시절 그렇게 살아온 나를 보고 직원들을 얼마나 괴롭히겠느냐고 비판적으로 말하는 이들도 있다. 하지만 나는 직원들에게 야근이나 특근을 시킨 적이 없다. 회사가 어느 정도 안정된 지금은 거의 모든 일을 직원들에게 맡겨 놓고 있다. 회사를 직원들에게 넘겨주고 프리랜서로 일하고 싶기 때문이다.

25년 전 어떤 친구는 한기호는 '밥' 이야기를 하다가도 3분 안에 '북(Book)'으로 돌아간다고 말했다. 큰딸은 대학생 때 아빠는 책밖에 모른다고 했다. 어떤 이는 책만 주는 내가 싫다고도 했다. 평생 책에 미쳐 살다 보니 외로워졌다고 생각했다. 하지만 아니었다. 이 글을 쓰면서 조금도 외롭지 않았다. 이 책을 쓰면서 과월호를 펼쳐 보지 않을 수 없었는데, 놀라웠다. 〈기획회의〉에 글을 썼던 이들 대부분이 지금은 출판업계의 주역으로 활약하고 있었다. 그들의 글에서 놀라운 혜안을 발견하고는 자주 빠져들어 글의 속도가 나지 않을 때도 많았다.

지금이라도 모든 것을 그만두고 어디 숨어서 〈기획회의〉 600호를 처음부터 끝까지 모두 읽고 출판을 다시 시작하면 빛나는 루키가 될 것 같다. 한편으로는 그런 생각도 든다. 빛나는 진주가 곁에 있는지도 모르고 쓰레기 더미를 뒤진 것은 아니었을까? 내가 아직까지 망하지 않고 출판의 한 구석에서나마 투덜거리며 잘 버티고 있는 것은 혜안을 가진 그들과 한 시절을 같이한 덕분일 테다.

콘텐츠가 중요하다는 시절에 〈기획회의〉 600호의 아카이브를 구축해 놓지 않은 것이 후회된다. 이제 약속이 없으면 일찍 귀가해 〈기획회의〉를 아무 권이나 꺼내 읽으면서 신나게 놀아야겠다. 이런 생각을 하는 것을 보니 아무래도 나는 미친 것 같다. 지난 25년이 조금도 헛되지 않았다는 것을 이제야 겨우 깨달았으니 돌팔매질을 당해도 싸다. 그래서 피투성이가 되더라도 웃으면서 〈기획회의〉를 열심히 읽으리라!

우·문·현·답, 우리의 문제는
현장에 답이 있다

〈기획회의〉는 창간호부터 지금까지 '필드(현장)'에
서 일하는 이들이 만들어 내는 구체적인 '팩트'를 가
장 소중하게 생각해 왔다. 이런 정보야말로 현장 종
사자에게 가장 필요한 교양이라고 보았기 때문이다. 그러는 과정
에서 무수한 필자와 저자가 탄생했다.

출판전문지의 속성상 초기에는 출판 현장 종사자 중에서 필자
를 찾아야만 했다. 하지만 쉬운 일이 아니었다. 그래서 처음에는 좌
담을 많이 했다. 해마다 상반기와 하반기 결산 좌담을 길게 했다.
2000년부터 2002년까지의 결산 좌담 내용과 월별 베스트셀러 분
석을 모아서 펴낸 책이 『책의 현장 2001』, 『책의 현장 2002』, 『책의
현장 2003』이다.

2003년은 한국 사회가 '카드대란'으로 힘들었다. 그래서 「21세기

한국출판의 르네상스를 위한 제언」이라는 제목으로 인문, 장르문학, 청소년, 논픽션, 실버, 실용서, 마케팅 방법론 등 분야별 좌담을 열었다. 또 특별한 주제에 대한 일곱 차례의 대담도 있었다. 그 결과물인 『책의 현장 2004』(이상 한국출판마케팅연구소)는 744쪽이나 된다.

『책의 현장 2004』의 머리말 「'불안'의 파고를 넘어 '희망'의 터전으로」에서는 1998년과 2003년 출판 시장의 변화를 열 개의 키워드로 설명했다. 평생직장에서 평생직업으로, 고용보장이나 임금극대화에서 능력개발로, 막연한 전직에서 제2의 인생설계로, '생선 한 마리'에서 '고기 잡는 법'으로, 생계형 창업에서 인생설계형 창업으로, 회사 안에서 회사 밖으로, '열정'에서 '냉정'으로, 획일적 가치관에서 다양한 가치관으로, 막연한 불안감에서 총체적 불안감으로, 현실적응형에서 현실도피형으로가 그것이다. 키워드를 분석한 다음에는 그에 따른 전략적 사고와 실천을 통해 출판 불황을 극복하기 위한 열 가지 방안을 제시했다.

현장 경험이 많은 사람을 모아 놓으니 시의성 있는 주제로 대화가 술술 풀렸다. 하지만 언제까지나 대담이나 좌담을 통해 현장성을 담을 순 없었다. 필자가 있어야 했다. 그래서 만든 연재가 '기획자 노트 릴레이'다. 현장의 편집기획자들에게 자신이 만든 책에 대한 기획 방향과 소회를 정리한 글을 받았다. 2004년 1월부터 시작한 '기획자 노트 릴레이'는 〈기획회의〉 최장기 연재로, 20년이 흐른 지금까지 계속되고 있다. 초기에 연재된 글은 『책으로 세상을 편집하다』,『책으로 세상을 소통하다』,『책으로 세상을 움직이다』,『책으로 세상을 꿈꾸다』(이상 한국출판마케팅연구소) 등으로 출간되었다.

나는『책으로 세상을 편집하다』의 머리말 「'성공'한 책의 뒤에는 탁월한 편집자가 있다」에서, 일본의 전설적인 편집자인 마쓰다 데쓰오가『編集狂 時代(편집광 시대)』에서 '편집자는 ○○다'라는 정의의 빈칸에 들어갈 단어로 독자, 수집가, 잡무담당자, 서비스업, 교정자, 제작자, 디자이너, 영업자, 비평가, 작가, 학자, 기획자, 프로듀서 등 무려 열세 가지나 열거한 것을 인용했다. 편집자는 그야말로 '만능인'이어야 한다. 이런 능력을 몇 년 안에 갖출 수는 없다. 수십 년 경력자라도 갖추기 어렵다. 게다가 소셜미디어가 줄줄이 등장했고, 전자책과 오디오북 등도 계속해서 변화하고 있으며 크라우드펀딩도 일반화됐으니 빈칸에 들어갈 말은 이제 서른 개가 넘을지도 모르겠다.

〈기획회의〉는 초창기에 현장에서 일하는 편집자들의 이야기를 통해 차이를 드러냈다. 편집자가 현장에서 고투하며 만들어 낸 책이라는 사물, 그들이 만난 저자라는 사람, 편집자와 저자가 책을 함께 만들면서 벌어진 사건, 즉 사람과 사물과 사건이라는 팩트를 제시하는 게 내 역할이라 생각했다.

처음에는 필자 확보가 쉽지 않았다. 실력이 있는 편집자라고 여겼던 사람들에게 원고 청탁을 하면 처음에는 수락했다가 다시 거절하는 전화가 걸려 오는 경우가 잦았다. 남의 글은 책으로 열심히 만들었지만 정작 자신이 200자 원고지 50매의 글을 쓰려니 막막하다고 이야기하는 편집자가 적지 않았다. 그러면 나는 편집자에게 당신은 몇 권의 책을 만들었느냐고 물었다. 200권이라 답하면 그중에서 당신의 인생에 피가 되고 살이 되었던 책을 다섯 권만 고르라고 했다. 우리는 극적인 인물의 가장 극적인 삶을 제대로 트리밍한 이야기를 즐긴다. 숏폼 영상을 즐기는 지금은 더하겠지만 이런 속성은 예나 지금이나 여전하다. 한 사람의 인생을 순차적으로 나열해 단순하게 설명하기는 어렵다. 인생의 터닝포인트가 된 가장 극적인 순간을 세세하게 이야기하면 감동을 주게 마련이다.

자, 이제 다섯 권을 골랐다. 그러면 그 책들을 만들면서 어떤 사건이 벌어졌는지, 그 책을 만들면서 얻은 교훈은 무엇인지 정리해 보라고 했다. 다시 말해 책을 만드는 '사람', 책이라는 '사물', 책을 만드는 과정에서 벌어지는 '사건'을 솔직하고 흥미롭게 써 내려가면 된다고 했다. 그렇게 정리하는 과정에서 편집자는 자신이 추구해 왔던 출판관을 자연스럽게 도출해 냈다. 책을 열심히 만들었던 이들은 좋은 글을 써서 보내오곤 했다.

글에는 그 사람의 생각뿐 아니라 실력 또한 자연스럽게 드러났다. 실력 있는 편집자는 자신의 매뉴얼이 있다는 게 확인되었다. 그런 편집자들에게는 연재를 부탁했다. 물론 처음에는 펄쩍 뛰었다. 그러면 만나자고 했다. 어떤 이는 만나자마자 당신이 나에 대해 뭘 알아서 연재를 맡기느냐고 물었다. 그러면 나는 당신을 잘 안다고 말하면서 상대의 장점을 늘어놓았다. 그 결과, 대부분은 수락했다. 연재가 끝나면 책으로 만들었고, 그런 뒤면 몇몇 이들은 인생이 롤러코스터를 탄 것처럼 크게 변하기도 했다.

'퍼블리티'란 신조어를 만든 것은 2013년 봄이었다. 〈기획회의〉 창간 15주년 기념 특별 단행본 『한국의 출판기획자』를 펴내면서 머리말에 "미래는 '편집적 사고'를 지닌 사람이 주도하는 세상이 될 것입니다. 다만 출판기획자는 편집뿐만 아니라 비즈니스 마인드를 갖출 필요가 있습니다. 에디터editor이면서 퍼블리셔publisher(출판사 대표)가 되어야 한다는 것이지요. 이를 '퍼블리터publitor'라 부르면 어떨까요? 앞으로는 '1인 출판'으로 세상을 놀라게 하는 퍼블리터들이 속속 등장하는 세상이 될 것입니다"라고 썼다. 편집적 사고가 중요한 시대라는 것을 부정하는 사람은 없을 것이다.

새로운 정보를 생산하는 이보다 기존 정보를 재가공해 내놓는 크리에이터들이 주목받는 세상에서 출판의 위상은 달라질 수밖에 없다. 수많은 올드미디어가 생존을 모색해야 하는 시대이다. 한국출판마케팅연구소를 세웠을 때는 출판에 대한 지식이나 정보를 알려 주는 책을 발견하기 어려웠다. 그래서 나는 편집적 사고와 출판에 대한 책을 많이 펴내려 했다. 물론 돈이 되는 일은 아니었다. 출판에 대한 책은 2000부를 넘기기가 어려웠다. 그러나 누군가는 해야 하는 일이었다. 물론 내가 그 일을 하지 않고 팔리는 책 위주로 펴냈다면, 그렇게 큰 경제적 어려움을 겪지는 않았을 것이다.

새천년의 뜨거운 감자,
전자책 논쟁

특별한 준비도 없이 한국출판마케팅연구소를 열었
다. 확보한 운영 자금이라고는 광주민주화운동으로
받은 보상금 4500만 원이 전부였다. 하지만 운이 좋
았다. 『브리태니커 백과사전』이 종이책 생산을 중단하자 무수한 언
론이 종이책의 장송곡을 틀어댔다. 2000년에 접어들자 종이책의
종말을 당연시하는 분위기였다. 출판인들은 제대로 된 준비 없이
출자금을 모아 전자책 출판사 (주)북토피아를 설립하고는 전자책
시장을 선점하고자 했다. 이런 혼란스러운 상황을 누군가는 정리
해야 했다. '전자책'이라는 화두 덕분에 〈기획회의〉는 성장할 수 있
는 토양이 저절로 조성되는 분위기였다.

당시 언론은 근거 없는 예측으로 출판계를 혼란에 빠트렸다. 〈조
선일보〉는 2000년 2월 15일 자에 "e-북과 종이책… 맞붙으면 누가

이길까. 인터넷이 출판과 독서의 패턴을 갈아엎고 있다. 인터넷이 종이책을 대신할 것이라는 상투적인 정보가 아니다. 문제는 이미 책 혁명이 시작됐음에도 출판·유통·서점·독자 등 전방위로 진행되는 그 혁명의 방향과 속도를 예측하기 힘들다는 데 있다"면서 "출판계는 현재 3조 원가량 되는 단행본 시장 규모의 절반인 1조 5000억 원 정도가 5년 내에 디지털북 시장으로 옮겨갈 것으로 전망"하고 있다는 기사를 썼다.

기가 막힌 일이었다. 모두가 전자책이 대세가 될 것이라고 예측하니 나라도 균형을 잡아야 했다. 그래서 나는 〈송인소식〉 2000년 5월 15일 자에 「e-북은 없다」라는 글을 발표했다. 그 글에서 e-북이 언젠가는 대세가 되겠지만, 지금은 비즈니스 모델이 보이지 않는다고 주장했다. 이 글을 발표하고 논란이 뜨거워지자 6월 1일 자에 다시 「e-북은 없다 2」를 발표했다. 두 번째 글에서는 한 문화가 대세가 되려면 문화적 기반부터 조성되어야 한다고 주장했다.

「e-북은 없다」에서는 e-북이 성장하려면 다음과 같은 준비가 필요하다고 주장했다. "데이터를 디지털형 정보로 변형할 때도 전제가 필요하다. 먼저 디지털화의 방향이다. 오랜 세월 가로가 짧고 세로가 긴 형태의 배치와 레이아웃으로 된 책의 문화에 대중들은 익숙해 있다. 가로가 길고 세로가 짧은 형태의 전자공간에 올려진 e-콘텐츠가 이독성易讀性을 높이기 위해서는 디지털화의 배치와 레이아웃에 대한 방향이 새롭게 정해져야 한다. 그뿐만이 아니다. e-콘텐츠가 수익성을 창출하기 위해서는 결제방식도 확립되어야 한다. 일본에서는 비용이 전화비에 부가되어 결제되도록 설정했다. 그러나 우리는 그러한 논의가 전혀 이뤄지지 않았다. 유통방식은 더 큰 문제이다. 이미 CD-ROM이 시장성을 잃어가고 있는 결정적인 이유 중의 하나도 유통방식이 확립되지 않았기 때문이다."

두 번의 글쓰기로 나는 종이책을 지키려는 전사처럼 여겨졌다. 하지만 전자책의 대세론을 부정한 것은 아니었다. 글에 도발적인 제목을 붙인 것은 종이책은 죽고 전자책은 산다는 일도양단식의 태도에 대한 불만 때문이었다. 나는 그 글에서 전자 텍스트의 시대가 열리겠지만 전자책 수익 모델이 당장은 보이지 않으며, 문명은 그렇게 단선적으로 흘러가지 않는다고 주장했다.

더불어 다음과 같이 책의 미래를 예상했다. "인간이 배설하는 단순한 데이터는 정보의 존재양태로 변형되면서 디지털형 정보(즉 e-콘텐츠), 아날로그 정보(과거의 종이책), 디지털에 의해 새롭게 발견된 새로운 아날로그(새로운 책) 등 세 형태로 변형된다. 이것은 H_2O가 고체인 얼음, 기체인 수증기, 액체인 물의 형태로 각기 변형되는 것과 같은 이치이다. 이때 어떤 형태라는 것은 중요하지 않을 수도 있다. 단지 어떻게 변형되어야 가장 양질이 되느냐가 중요하다. 그렇게 양질의 정보로 변형되어야만 인간에게 꿈과 행복을 가져다줄 수 있는 것이다. 물론 e-콘텐츠로 변형될 때 최고의 가치를 지니는 데이터도 적지 않을 것이다. 백과사전과 같이 저장과 검색이라는 디지털 체제에 적합한 데이터나 수량화되고 계량적인 연산효과를 중요시하는 데이터는 그 단적인 예이다."

그해 5월 29일 자 〈동아일보〉 지면에서 전자책 업체인 에버북닷컴과 온라인 소설 「하늘 길」을 계약한 이문열 작가와 내가 각자 기자의 질문에 답하는 방식으로 "e-북은 있다/e-북은 없다" 논쟁을 벌였다. 'e-북은 있다'는 입장의 이문열 작가는 "미국에서 나온 PDA 형태의 전자책 단말기를 보니까 외양도 크지 않고 사용에도 불편하지 않더라. 앞으로는 작은 단말기 하나만 들고 다니면서 수백, 수천 권의 책을 볼 수 있게 된다. 5년 이내에 전자책이 적어도 60~70퍼센트는 차지하리라고 본다"고 예측하면서 "저자는 종이책의 인세를 10퍼센트 정도 받는데, 전자책은 30~40퍼센트는 되어야 한다"고 주장했다.

'e-북은 없다'는 입장의 나는 "'e-북이 없다'니 아직 열리지도 않은 시장이 괴멸할 것이라는 예언인가?"라는 기자의 질문에 "이런 식의 준비로는 e-북이 성공할 수 없다는 의미다. 종이책이냐 e-북이냐, 아날로그냐 디지털이냐, 이런 죽기살기의 양자택일을 넘어 상생相生을 모색해야 한다. 디지털은 디지털에 맞는 콘텐츠를 다루고, 아날로그는 새로운 아날로그로 탈바꿈하는 것이지 전자책이 일시에 종이책의 자리를 대체할 수는 없다. 반대로 아날로그 콘텐츠를 디지털로 장소만 이동하면 된다는 생각 역시 디지털에 대한 모독"이라고 대답했다.

2000년 6월 29일 위임장을 제출한 19인을 포함한 주요 작가 54인은 e-북 인세 기준을 정가의 50퍼센트로 할 것, 정가를 정할 때는 작가와 협의할 것, 한 업체의 저작권 독점을 인정하지 않고 그 기간도 1년 미만으로 할 것을 결의했다. 이런 분위기에 화가 난 나는 "이미 시장성이 사라진 자신들의 소설이 빛바랜 종이 위에서 빛나는 디지털 공간으로 장소만 이동시켜 놓으면 떼돈이 벌릴 것으로 착각해 결의를 하는 일이 벌어졌다"는 논지의 글을 써 논란에 불을 질렀다. 이 일을 주도했던 한 작가는 〈조선일보〉에 "평생 전업의 한길로 오직 글만 써 온 이 땅의 원로작가와 중견작가 들조차 발밑으로 보이던 것인지요. 글의 진의는 둘째치고 거기에 쓰여진 말들의 천박함만으로도 이게 과연 문학 전문 출판사에서 작가들의 책만 다뤄 온 사람의 글인가 싶어 소장님의 인격마저 의심스러웠답니다"라는 비판의 편지를 발표했다. 내가 점잖지 못한 글을 쓴 것은 맞지만 메시지에 대한 반론을 하지 못하고 메신저에 대한 비난을 한 것에 실소를 금하기 어려웠다.

그해에 EBS는 〈미래토크 2000〉의 한 주제를 '10년 후에 종이책이 사라진다'로 정하고 나에게 출연을 요청했다. 나는 전자책을 쓰는 사람이 전기세도 내야 하고 라면이라도 끓여 먹어야 하지 않겠느냐며 아직은 비즈니스 모델이 보이지 않으니 종이책이 사라지는 일은 벌어지지 않을 것이라고 호언장담했다. 전자책에 대한 과도한 열풍은 2001년에 싸늘하게 식어버렸다.

이문열 작가가 "전자책이 적어도 60~70퍼센트는 차지하리라"고 예상한 뒤 5년이 흘렀어도 전자책 비중은 3퍼센트를 넘지 못했다. 나는 〈한겨레〉 2005년 5월 27일 자에 발표한 칼럼 「전자책 시대 예언 이문열에 묻는다」에서 "지금 전자책을 사 보는 이는 별로 없다. 적어도 지금까지의 전자책 단말기 사업은 전 세계에서 모두 실패했다. 전자책의 실낱같은 희망은 휴대전화를 통한 판매"라고 분위기를 짚어 주면서 "그 인터뷰에서 인터넷을 통해 소설을 연재하게 되면 새로운 글쓰기를 개발하겠다고 말했는데 그것은 제대로 되고 있는가?"라고 물었다.

*

〈기획회의〉에서 전자책 논쟁만 벌어진 것은 아니다. 도서정가제와 주례사 비평을 비롯해 무수한 논쟁이 벌어졌다. 그중 도서정가제 관련 논쟁을 살펴보자. 김대중 정부는 벤처기업을 육성하고 온라인 경제를 활성화시킨다는 명분으로, 오프라인서점이 정가에 책을 판매하는데도 불구하고 온라인서점은 할인 판매를 허용했다. 온라인서점은 구간의 경우 보통 30퍼센트 정도 할인해서 판매했다. 그 여파로 2002년부터 오프라인서점이 급격하게 무너지기 시작했다. 출간된 지 1년 6개월이 지난 구간 도서는 한때 90퍼센트의 폭탄세일이 성행하기까지 했다. 이러한 흐름은 모두가 공멸할 수 있다는 위기감을 느끼게 했다.

역설적으로 이 시기에는 해마다 밀리언셀러가 대거 등장했다. MBC 예능 〈느낌표〉에서 소개한 책들을 제외하고도 2000년대 상반기에 등장한 밀리언셀러는 50여 종이 넘었지만, 출판사들의 경영 상태는 악화되기 시작했다. 밀리언셀러를 펴낸 출판사 중에서도 적자 경영으로 도산하는 경우가 많았다. 더군다나 판매 부수가 적더라도 유의미한 책들의 출간이 어려워졌다. 악화가 양화를 구축하는 일이 다반사로 벌어졌다. 과다한 경쟁으로 공멸할 수밖에 없다는 출판·서점업계의 두려움이 점증하기 시작했다.

이런 흐름을 막고 출판 시장을 안정화하기 위해 2014년 11월부터 출판업계와 서점업계의 합의로 10퍼센트 이내의 할인과 5퍼센트 이내의 마일리지만 허용하는 변형 도서정가제가 시행되었다. 이런 변화만으로도 오프라인서점의 숨통이 끊기는 것을 막을 수 있었지만, 근본적인 해결책은 아니었다. 이후 업계는 3년마다 도서정가제에 대해 논의하는 것을 정례화했다.

2024년 초 출판 유통 시장은 교보문고(오프라인서점 포함), 예스24, 알라딘 등 대형 온라인서점 세 곳이 과점하고 있다. 대부분의 중소 출판사는 '빅3 서점'의 점유율이 80퍼센트 이상이다. 온라인서점은 과도한 할인 경쟁에 대한 두려움 때문에 현행 체제가 고수되기를 바라는 것으로 알려져 있고, 오프라인서점은 일관되게 완전 도서정가제를 주장하고 있다. 출판업계도 대체로 현행 체제의 고수를 희망하고 있다. 작가 단체나 도서관도 이런 생각에 별다른 이의를 달지 않는다. 소비자 단체에서도 출판·서점업계의 입장을 이해해 주고 있다고 한다.

나는 처음부터 도서정가제의 필요성을 역설했다. 외로운 싸움이었다. 다른 상품들은 모두 할인이 허용되는데 왜 책만은 정가제여야 하는가? 책은 저렴한 가격이 아닌 적정한 가격에 공급돼야 하는 공공재다. 온라인서점이 등장해 할인 판매를 하자 출판인들은 단맛을 취하는 듯했다. 하지만 도서정가제가 유명무실해지니 책의 다양성, 창의성, 의외성이 무너지기 시작했다. 베스트셀러가 아니면 팔리지 않는 양극화가 극심했다. 시간이 갈수록 점점 더 많은 사람이 할인의 늪에서 빠져나오고 싶어 했다.

도서정가제를 요구하는 분위기는 점점 고조됐다. 나중에는 도서정가제를 빨리 확립하라는 압력을 직간접으로 가했다. 그래서 〈기획회의〉 지면에서는 자주 도서정가제 논쟁을 벌여야만 했다. 2014년부터 시행된 개정 도서정가제는 일몰법이라 3년마다 다시 논의해서 결정해야 한다. 이제 완전한 원칙을 정해야 할 때다. 할인이 허용되던 영미권의 상황이 변하고 있으니 참고할 필요가 있다.

반스앤노블은 2012년부터 7년 연속 매출이 하락하는 바람에 경영난에 빠졌다. 그동안 CEO는 네 번이나 바뀌었다. 결국 2018년 인수·합병 대상이 되어 헤지펀드 엘리엇 어드바이저스가 6억 3800만 달러(약 7850억 원)에 반스앤노블을 인수했다. 인수 직전

1년 동안의 순손실액이 1억 2500만 달러에 달했고, 경쟁사였던 또 다른 서점 체인인 보더스는 2011년에 파산했다.

엘리엇은 영국의 대형서점 워터스톤즈를 정가 판매로 회생시킨 경험이 있는 제임스 돈트를 CEO로 영입했다. 반스앤노블은 어떻게 죽다 살아났을까? 반스앤노블의 부활을 이끈 요인으로 '선택과 집중', '큐레이션', '현지화' 등 세 가지를 꼽지만, 핵심은 책을 정가로 판매하면서 큐레이션을 강화한 것에 있다. 덕분에 2023년 반스앤노블은 매장 수가 약 10년 만에 순증하면서 이익을 내기 시작했다.

잡지는 공론의 장이다. 〈기획회의〉가 초기에 안정화할 수 있었던 이유는 출판업계에 중요한 이슈가 있을 때마다 공론의 장이 되기를 주저하지 않았기 때문일 테다. 이슈가 없을 때는 이슈를 만들 줄도 알아야 한다. 공론은 잡지의 생명수라 할 수 있다. 앞으로도 〈기획회의〉는 공론을 두려워하지 않을 것이다.

휴대전화는 책 문화를
어떻게 바꿀 것인가?

출판 시장을 호령하며 전장을 누볐던 출판인들은 지금 어디에서 무엇을 할까? 언젠가 한 후배와 점심을 먹고 절두산 순교 성지를 걸었다. 후배는 몇몇 출판인의 이름을 대며 지금은 무엇을 하느냐고 물었다. 나와 무수하게 만났던 이들이다. 문득 그들과 만나 토론하던 시절이 그리웠다. 그들과 이승에서의 인연은 다시 이어지지 않을지도 모른다. 그래서 더욱 쓸쓸했다.

나는 2024년 출판 입문 42년 차가 되었다. 40년을 맞이하기 전 공식적으로 이어지던 대외 활동을 정리했지만, 40년이 넘도록 출판 현장에서 버틸 수 있었던 힘은 무엇일까? 산책 후 후배와 차를 마시면서 2004년 2학기 중앙대학교 신문방송대학원의 '출판콘텐츠기획론' 수업에서 '휴대전화가 책 문화를 어떻게 바꿀 것인가?'

라는 주제로 강의한 것이 내 인생을 결정적으로 바꾼 것 같다고 이야기했다. 나는 강의 자료를 찾기 위해 일본에 갔었다. 일본의 서점이나 도서관에서 참고할 수 있는 책은 한 권도 없었다. 그렇게 강의는 2007년 2학기까지 지속됐다.

당시에는 마이크로소프트의 'MS리더'를 비롯한 모든 전자책단말기가 수익을 내는 데 실패해 전자책은 끝난 것 아니냐는 이야기마저 나돌았다. 나는 검색이라는 읽기, 누르기라는 쓰기, 저자와 독자를 연결해 주는 휴대용 기기가 텍스트를 어떻게 바꿀 것인가에 대해 강의했다. 그것은 나중에 디지털 출판의 3대 혁명인 읽기 혁명, 쓰기 혁명, 텍스트(물질성) 혁명으로 정리되었다.

인간은 궁금한 것이 있을 때 검색부터 한다. 이로 인해 책의 구조가 달라졌다. 한 권의 책이 다루는 주제는 잘게 쪼개지고 있다. 하지만 설명하는 방식은 통합적이어야 한다. 액정 화면을 누르며 쓰는 글은 표현이 단순하고, 분량도 적고, 단문이고, 감정적으로 교감하는 방향으로 진전되고 있다. 결과적으로 읽기와 쓰기 혁명이 텍스트의 질적 변화를 불러오고 있다.

이제 인간은 스마트폰이나 스마트패드 등 스마트 기기로 글을 쓰고 읽는다. 스마트 기기라는 재생 장치의 다양한 기능이 독자와 콘텐츠 제공자의 새로운 관계성을 만드는 결정적인 열쇠가 되고 있다. 가령 내가 새벽마다 올리는 블로그 글을 스마트폰으로 읽는 이는, 이성적으로 딱딱하게 지식을 알려 주는 글을 외면할 것이다.

반면 삶의 경험을 통해 공감할 수 있는 지혜(지성)를 제시하는 글에는 환호할 것이다.

블로그에 쓴 글을 모아서 책을 펴낸 것을 '블룩blook'이라고 한다. 블로그blog와 책book의 합성어인 블룩은 2002년 웹사이트 '버즈머신'을 운영하던 미국 언론인 제프 자비스가 인터넷에 올렸던 글을 책으로 내면서 알려졌다. 2006년 미국에서는 베스트셀러 네 권 중 한 권이 블룩이었다.

이후 페이스북이나 트위터 등 소셜미디어에 연재한 글이 책으로 출간되었다. 이제 출판기획자들은 엘리트 지식인을 찾아가지 않는다. 반면 많은 팬을 확보한 소셜미디어 필자에게 접촉하는 빈도수는 점점 늘어나고 있다. 지금은 인기 유튜버가 최고의 인기를 누리고 있다. 소셜미디어에 글을 써서 인기를 끄는 사람을 '소셜칼럼니스트'라고 부르기도 한다. 그들이 추천하는 문화상품을 소비하는 것은 도도한 흐름이 되고 있다.

나는 해당 강의가 끝난 후 〈중앙일보〉 2005년 7월 29일 자 기획 기사 '깊이보기: 인터넷 시대… 책의 운명은?' 중 메인 기사인 「'검색하듯' 읽히는 책이 미래의 베스트셀러」를 발표했다. 글은 이렇게 시작한다.

미국의 마이크로소프트가 세계를 하나의 네트워크로 묶겠다는 원대한 꿈을 앞세우며 '윈도 95'를 출시한 지 올 가을이면 꼭 10년이 된다. 그동안 책의 세계는 어떻게 바뀌었을까. 벌써 그런 결론을 내린다는 것이 성급하기는 하다. 구텐베르크 인쇄 혁명의 의미를 인간이 제대로 깨닫는 데도 반세기나 걸렸기 때문이다. 하지만 지금의 변화 속도는 그때와 비교할 수 없을 정도로 빠르다. 그러니 지금쯤 중간 점검이 가능하다.

원래 컴퓨터는 정보 생산의 도구였다. 그러나 인터넷이 등장하자 인간의 욕망은 진화했다. 지금까지 인간이 책이라는 형태로 축적해 온 모든 자산을 보다 풍부한 방식으로 사이버 세계로 옮긴 다음 컴퓨터 화면에서 자유자재로 그 많은 용량의 정보를 쉽게 소비하고자 한 것이다. 사실 이것은 인간의 기억 능력이나 독서 습관에 대한 커다란 도전이었다. 하지만 이런 욕망은 적어도 지금까지는 성공보다 좌절이 컸다. 영화, 음악, 사진, 게임 등은 모두 컴퓨터가 생산과 소비를 위한 도구로 작동했지만 유일하게 책만은 그렇게 되지 못했다. 마이크로소프트가 2001년에 출시한 'MS리더'를 비롯해 모든 독서 단말기는 수익을 내는 데 실패했다. 지금 남아 있는 거의 유일한 희망은 인간이 휴대전화를 통해 책을 읽을 수 있게 될지도 모른다는 기대다.

이 기사가 나간 뒤 정병규 선생은 "앞으로 이 말만 해도 3년은 먹고살겠다"는 격려 전화를 해 주셨다. 하지만 그때는 너무 빨랐다. 2004년 말 인기를 끈 드라마 〈마지막 춤은 나와 함께〉에서는 호숫

가에서 영상을 찍어 애인에게 보내는 장면이 나왔다. 이게 문제가 되어 둘은 크게 다툰다. 영상만 전송된 것이 아니라 함께 있던 다른 여성의 음성도 전송됐기 때문이다. 이 장면을 생각하면 당시 휴대전화로 책을 읽는 일은 적어도 한국에서는 대세가 아니었다.

그런 세상이 본격적으로 온 것은 2010년 무렵 아이팟, 아이패드, 아이폰 등이 등장한 이후였다. 아이패드가 등장하자 세상이 달라졌다. 일본에서는 2010년 5월 28일 아이패드가 출시되었다. 그들은 아이패드를 1853년 미국의 페리 제독이 타고 나타나 문호 개방을 강요했던 흑선黑船에 비견했다. 또 아마존, 애플, 구글 등의 대형 IT기업을 '신대륙'으로, 신문, 텔레비전, 출판 등의 전통기업을 '구대륙'으로 지칭하면서 신대륙에 올라타기 위한 방법론을 찾기에 급급했다.

그즈음 사사키 도시나오의 『전자책의 충격』(커뮤니케이션북스)이 출간돼 이 같은 흐름에 기름을 부었다. 사사키는 킨들, 아이패드 같은 전자책을 읽는 데 적합한 기기, 쾌적하게 책을 구입해 읽을 수 있는 플랫폼, 자가自家 출판과 책의 플랫화, 그리고 콘텍스트를 매개로 책과 독자가 얽히는 새로운 매칭의 세계라는 퍼즐 조각이 전부 맞춰졌기에, 이제 새로운 전자책의 생태계가 온전한 모습을 드러내기 시작했다고 목소리를 높였다.

그는 전자책 플랫폼이 자리를 잡아 가면서 더욱 평평해진 책의 세계에서는 평범한 개인이 직접 출판해서 판매하는 일이 가능해지고, 유명 작가와 무명 작가의 구분이나 구간과 신간의 차별이 사라지는 등 누구나 자유롭게 책을 펴내고 읽을 수 있는 새로운 시대가 열릴 것이라고 예상했다. 스마트폰 하나로 모든 정보의 생산과 소비가 가능한 세상이 오자, '호모스마트쿠스'가 점점 늘어나기 시작했다.

그로부터 1년 반이 지난 뒤 사사키 도시나오는 〈eBook저널〉 6호에 게재된 인터뷰 기사에서 "일본에서도 KDDI나 도코모 등의 통신업자나 샤프 등 메이커가 주도한 플랫폼이 등장했지만 모두 기대에 못 미치며 매출이 좋지 않았고, 전자책을 유통하는 플랫폼으로 자리 잡지 못했다. 플랫폼이 없기 때문에 전자책도 팔리지 않았다. 딱 잘라 말해서 전자책 업계에는 '아직 아무것도 일어나지 않았다'"고 말했다.

전자책 성장을 저해하는 가장 큰 걸림돌로 "일본 기업이 전자책의 본질을 이해하지 못하는 데 있다"는 사실을 지적한 그는, 전자책의 본질은 종이나 액정, 또는 전자종이라는 매체의 차이가 아니라 네트워크를 통한 송신이나 유통방식이 달라진 것에 불과하다고 말했다. 그의 지적처럼 정보를 디지털로 주고받을 수 있게 된 것은 정보 유통의 비용을 획기적으로 낮췄다. 아이패드에 전자책을 잔뜩 집어넣고 언제 어디서나 책을 자유롭게 읽을 수 있다는 사실은 모두를 흥분케 하기에 충분했다.

사사키 도시나오는 '킨들스토어'의 일본 서비스를 개시하면 전자책 시장의 막이 새롭게 열릴 것이라고 예측했는데, 그것은 현실이 되었다. 지금은 누구나 스마트폰으로 책을 읽을 수 있다. 문제는 콘텐츠였다. 이런 변화로 콘텐츠의 질이 달라질 것이라 예상했다. 2012년에 펴낸 졸저『새로운 책의 시대』(한국출판마케팅연구소)의 머리말「사라지는 책과 살아남는 책」에서 전자텍스트는 시간성, 장소성, 신체성이 중요하다고 말했다.

먼저, 시간성이다. 인간이 액정 화면을 통해 정보를 제대로 소화하려면 시간적 제약이 따른다. 전자텍스트는 10분, 적어도 30분 이내의 짧은 시간에 소화할 수 있어야 한다. 압축한 정보로 완결된 작은 이야기들을 연결해 전체적으로는 하나의 이야기가 되는 책이어야 할 것이다. 〈개그콘서트〉의 구성을 닮은 책이되 하나의 실로 꿸 수 있는 이야기면 좋을 것이다.

둘째, 장소성이다. 종이책은 '글맛'이 좋아야 한다. 그러나 전자공간에서는 이미지가 더욱 중요하다. 따라서 문주화종文主畫從이 아니라 화주문종畫主文從이 되어야 한다. 형식이 좋아야 내용도 힘을 발한다. 준비된 이미지가 없다면, 디지털 기술을 이용한 일러스트레이션으로 이미지를 만들어 낼 수 있다.

셋째, 신체성이다. 전자 공간에서 통하는 콘텐츠는 어떤 장르일까? 인간의 머리(뇌)를 움직이는 이성적인 글보다 몸과 마음을 움직이는 감성적인 글이어야 한다. 종이책은 수없이 반복해서 읽어도 그때마다 새로운 의미를 깨칠 수 있어야 시공을 뛰어넘어 살아남을 수 있지만, 전자 공간의 콘텐츠는 임팩트가 강한 이미지가 선도하고, 부담 없이 볼 수 있는 글이 따라오는, 하지만 한순간에 '바로 이것'이라는 '느낌'이 오는 디자인으로 구성된 콘텐츠여야 한다.

이런 시대에 맞춤한 원고가 운명처럼 다가왔다. 2017년 9월 말 〈기획회의〉 편집자들은 김민섭 작가가 재미있는 작가의 인터뷰 원고를 보내왔다고 전했다. 그 인터뷰를 읽은 직후 김민섭 작가에게 연락해 김동식 작가의 소설을 보내 달라고 했다. 그 소설은 새로운 인간형인 호모스마트쿠스가 쓴 소설이었다. 바로 이것이라는 직감이 왔다.

김동식 작가를 만나면서 나의 출판 사업은 탄력을 받기 시작했다. 이 또한 출판 현장의 사람들과 대학원생들, 그리고 독자들과 무수한 토론을 하면서 책의 미래에 대한 공부를 했기에 가능한 일이었다. 무엇보다 〈기획회의〉가 아니었다면 김동식 작가의 존재를 알 수 없었을 것이다. 설사 알았더라도 나에게 기회가 오지 않았을지도 모른다.

출판에 관한 통섭적 사고를
가르쳐 준 〈북페뎀〉

"좋은 아티스트는 따라 하고 위대한 아티스트는 훔친다"는 말은 시부야 료이치의 『일 잘하는 디자이너』 (이지스퍼블리싱)에서 읽었다. 지금은 누구나 글쓰기뿐만 아니라 디자인도 잘해야 한다. 저자는 "좋은 디자인이란, 사람의 마음을 움직이는 것"이라고 말한다. "디자인의 핵심은 사용자의 입장에서 '정보를 재검토하고 정리'해서 '과제를 발견'하는 데 있다"는 미국 통계학자 에드워드 터프터의 말도 인용하고 있다. 그렇다면 나는 무엇을 '따라' 하고 무엇을 '훔쳐'야 할까?

저자는 "너무 기발한 것보다 집중할 수 있어야 좋은 디자인"이라는 재스퍼 모리슨의 말과 "디자이너의 진정한 타깃은 클라이언트가 아니라 클라이언트의 클라이언트"라는 티보르 칼먼의 말도 인용한다. 이 책을 읽으면서 한 문화센터에서 북디자인 강좌를 개설

해 많은 이들과 함께 공부하던 시절이 떠올랐다. "한국에서는 진정한 클라이언트를 만나기가 어렵다"는 한국의 대표적인 북디자이너 정병규 선생이 하셨던 말씀도 떠올랐다. 그런데 클라이언트가 아니라 잘 보이지 않는 클라이언트의 클라이언트를 설득할 수 있어야 한다니 이게 쉬운 일인가!

"디자이너는 미적 감각을 지닌 플래너"라는 브루노 무나리의 말에도 공감이 간다. 〈북페뎀〉이란 잡지를 펴낸 적이 있다. '페뎀 PeDEM'은 기획planning과 편집editing, 디자인design, 마케팅marketing 등을 모아 출판 각 단계의 유기적 통합을 모색하자는 취지에서 만든 조어였다. 무크지로 출발한 〈북페뎀〉은 계간지로 발전했다가 다시 무크지로 돌아온 뒤 통권 9권이 나온 후 중단됐다. 그간 〈북페뎀〉에서 다룬 주제는 어린이책, 출판기획, 청소년 출판, 논픽션, 장르 문학, 그림책, 글쓰기의 힘, 출판창업, 번역출판이다.

베스트셀러가 탄생하면 편집자는 자신이 콘셉트를 잘 잡은 결과라고 하고, 마케터는 자신이 USPUnique Selling Point(고유판매제안)를 잘 찾아냈기 때문이라고 하고, 디자이너는 책의 내용을 이미지로 잘 구현한 덕이라고 하며, 서로 자신의 공이라고 주장한다. 그러나 콘셉트와 USP와 이미지는 결국 같은 것이다. 이제는 그런 일을 통합적으로 해내야 하는 시대다. 1인 출판사 혹은 1인 크리에이터가 대세인 시대 아닌가! 독자가 책에서 점점 멀어지고 있으니 책은 더욱 정교하게 기획되어야 한다.

요즘 편집과 디자인의 경계가 존재하기나 하는 것일까? 편집과 디자인은 이어달리기가 아니라 이인삼각 경기다. 순차적인 일이 아니라 처음부터 통합해서 해야 하는 일이다. 물론 여기에 독자의 결핍된 욕구(갈증)를 찾을 줄 아는 기획, 독자가 대접받았다고 느낄 정도의 제작과 마케팅이 가미되어야 한다. 그것이 할인 경쟁이 아님은 물론이다.

그리하여 〈북페뎀〉은 하나의 주제를 통합적으로 설명하려고 했다. 〈북페뎀〉은 한 권을 펴낼 때마다 5000만 원가량의 자금이 투입되었다. 이 시리즈를 펴내는 동안 출판계 내부의 필자를 다양하게 발굴할 수 있었으며 한국의 출판 담론을 상당한 수준으로 끌어올릴 수 있었다. 특히 〈북페뎀 6호: 그림책〉에는 정성을 쏟아부었다. 그림책이야말로 책이라는 물질성을 기반으로 하면서 영상 세대에 가장 적절한 방식으로 이야기를 전달하는 장르 아닌가! 이후 그림책 기획자들을 만나면 이 책으로 공부했다는 이야기를 듣기도 했다. 그림책을 만드는 주체인 작가와 출판사를 각별하게 조명한 것이 실질적으로 도움이 많이 됐다고 이구동성으로 말했다.

또한 북디자이너 정병규 선생이 현대 그림책 역사의 선봉장인 모리스 샌닥의 『괴물들이 사는 나라』(시공주니어) 속 글과 그림의 이중적 구조(플롯)을 상세하게 분석한 글과 어린이책 관계자 30명이 뽑은 '그림책 명장면을 말한다'라는 기획은 그림책을 깊고 다양한 시선으로 볼 수 있게 만들었다. 그림책 시장을 총체적으로 분석하면서 그림책이 갖는 미학적 의미를 새롭게 발견하도록 돕는 기획은 〈북페뎀〉이 처음이었다고 감히 말한다.

〈북페뎀 2호: 출판기획〉은 그중 가장 많이 팔린 호로, 출판 편집자의 교과서라 불리기도 했다. 출판기획의 구체적인 매뉴얼을 실은 덕분일 것이다. 당시 출판방법론에 대한 책들은 종종 나왔지만, 〈북페뎀〉 수준에 도달하는 것은 발견하기 어려웠다. 나 역시 〈북페뎀〉을 펴내면서 출판에 대한 공부를 제대로 했다.

2005년 출간된 〈북페뎀 7호: 글쓰기의 힘〉은 디지털 시대의 글쓰기에 대한 한국 최초의 교양서라고 자부한다. 이 책의 출간 이후 글쓰기 관련 책이 나오기 시작했다. 한미화 출판평론가는 책의 서문 「글쓰기는 살아남고 이겨내고 행복해지는 일이다」에서 "다치바나 다카시는 이제 대학에 의한 고등교육 독점 시대에서, 도처에서 고등교육을 접할 수 있는 고등교육 유비쿼터스 시대로 접어들었다고 말한다. 현대인이라면 누구나 유비쿼터스 대학에 입학할 자격이 부여된 것이다. 그러나 일반 대학이 짜여진 커리큘럼에 맞추어 교양 수업을 제공하는 반면, 유비쿼터스 대학에서는 교양을 스스로 찾아 획득해야 한다. 그러지 않으면 낙오자가 될 수밖에 없다. 그리고 이러한 교양을 획득하는 과정에서, 조사하고 문서를 작성할 수 있는 '글쓰기의 힘'은 더욱 필요하다. 한 번 더 스티븐 킹의 말을 빌려 좀 누그러뜨려 표현하더라도, 글쓰기는 살아남고 이겨 내고 행복해지기 위해 필요하다"라고 말했다.

나는 글쓰기가 인간이 생존하기 위한 필수 조건이 될 것이라고 말하며 이 책의 출간을 제안했다. 실제로 그 이후 "인터넷에서 글을 쓰다가 스타 필자가 된 사람"이 점점 늘어났다. "정치 사이트의 논객들, 인터넷서점의 독자 리뷰어, 블로그에 글을 쓰다가 전문가로 나선 경우 등 자신의 생각이나 철학을 글로 표현하여 스타 필자로 떠오른 예"는 차고 넘친다. '노하우'가 아니라 '노웨어'의 시대가 되면서 지식의 보편화를 바탕으로 대중 필자의 시대가 도래한 듯했다. "다소 역설적이지만, 인터넷이 일반화된 이후 우리 사회에는 문해력은 날로 빈약해지면서도 글쓰기는 더욱 요구되는 현상이 나타났다."

『글쓰기의 힘』의 초판 서문에는 "이제 글쓰기는 요즘 유행하는 말로 자기계발의 한 방식이 되었다. 생각한 것을 글로 쓸 수 있을 때 개인에게는 새로운 가능성이 열리기 때문이다. 비교적 글쓰기에 친숙한 작가나 학자가 아니라면 더욱더 글쓰기가 유용하다. 자기소개서를 잘 쓰면 직장에 좀 더 쉽게 취직할 수 있을 것이고, 보도자료를 잘 쓰면 당신이 애써 일궈 놓은 상품을 세상에 더 널리 알릴 수 있을 것이고, 기획서를 잘 쓰면 동료보다 자신의 능력을 더 많이 인정받을 것이다. 물론 글을 잘 쓴다고 성공하는 것은 아니지만, 탁월한 글쓰기가 성공 확률을 높여 줄 것임에는 틀림없다. 근대 사회란 기본적으로 문서화를 통해 조직화되어 있기 때문이다. 머리가 아니라 손으로 글을 쓰게 되면 생각은 구체성을 갖게 된다. 다시 말해 글쓰기는 자신의 생각이나 감정을 논리적으로 만들어 준다. 그런데 살다 보면 느끼게 되지만 삶에서 중요한 건 구체성과 실행력을 갖춘 생각과 감정이다"라는 지적이 나온다. 개정판을 만들 때 편집자들이 초판의 서문을 뺀 것은 못내 아쉬웠다.

〈북페넴〉으로 출판을 공부했다는 사람을 요즘도 자주 만난다. 한때 〈기획회의〉를 접고 〈북페넴〉을 부활시키고 싶다는 생각을 한 적도 있다. 하여튼 〈북페넴〉을 중단한 것은 무척 후회된다. 무슨 수를 써서라도 계속되어야만 했다. 나는 출판계에 나름대로 헌신했다고 자부하지만, 이 일만은 죄를 지은 것이라 생각한다.

2장

잡지 종언의 시대에 생존의 길을 찾다

'북바이북'과
직원의 미래

"월간지, 단행본, 기획물 가리지 않고 종이로 만드는 책은 다 만들어보았다. 세상에 이미 존재하는 것들을 새롭게 조합해 내는 게 재미있었다. 내 속에 편집자의 직능이 숨어 있었던 거다. 그러다 기자들의 꿈인 편집장이 되었다. 자리가 사람을 만든다고 같이 일하는 기자들에게 이정표를 세워 줘야 했다. 그때 '잡지는 망해도 잡지 기자는 망하지 말자'라는 모토를 만들어 공유했다. 잡지 기자로 끝까지 살아남으려면 건축 공부를 하자는 다그침이었다. 그런 다짐으로 지금껏 20여 년 동안 책을 만들다 보니 남음이 있었다. 이 책이 바로 그 결과물이다."

이 글을 쓴『한국건축 속의 인문학』(담디)의 저자 서경원은 도서 출판 담디의 발행인이다. 잡지 기자 경력부터 시작해도 그의 건축 공부 경력은 26년이나 된다. 그러니 책을 펴낼 만하다. 저자는 건축에 관한 전문 지식을 독자들이 알기 쉽게 글에 녹여 냈다. 그와는 10년 전 한겨레출판문화센터 출판 강좌에서 수강생으로 인연이 닿아 함께 등산을 한 적이 있는데, 풍수와 음양오행으로 건축에 대한 재밌는 이야기를 들려주곤 했다. 이 책에는 내게 들려준 것처럼 건축 이야기가 쉽게 잘 정리되어 있었다. 학자만 책을 내는 것이 아니다. 나는 편집자도 책을 써야 한다고 강조해 왔다. 바야흐로 정보의 처리력보다 정보의 편집력이 중요해진 세상이다.

이 책의 내용보다 "잡지는 망해도 잡지 기자는 망하지 말자"는 저자의 말에 뭉클했다. 나는 두 잡지의 발행인이 아닌가! 많은 출판사가 베스트셀러를 지향한다. 당장 팔리는 책을 펴내기 위해 몸부림치는 사람이 많다. 나도 베스트셀러를 만들기 위해 몸부림치며 일하던 시절이 있었다. 그 일에는 빛과 어둠이 있었다. 1990년대 초반 밀리언셀러가 탄생하자 불과 3년 만에 급여가 두 배로 뛰는 영광도 누렸다. 그때는 해마다 연말 보너스도 두둑이 받았다. 그런 혜택을 싫어하는 사람이 있을까?

하지만 어둠도 있었다. 종합 베스트셀러 1위와 2위의 판매 부수는 엄청나게 차이가 난다. 1990년대에는 신문 광고가 베스트셀러를 만든다는 가사가 나오던 시절이었다. 나도 광고에 주력했다. 새벽 다섯 시에 출근해 모든 신문을 가져다 놓고 읽었다. 특히 '하단기사(광고)'는 더욱 꼼꼼히 챙겼다. 누가 시켜서 한 일이 아니었다. 광고를 보면 흐름이 보였다. 심하게 경쟁할 때는 밤에 잠이 오지 않았다. 잠을 좀 자 보겠다고 일부러 술을 마시고 곤죽이 되어 자도, 깨고 나면 새벽 두 시였다. 요즘은 신문 광고가 아니라 유튜브 등 소셜미디어에 노출시키려고 노력해야겠지만 어쨌든 베스트셀러 만들기에 진력이 났다.

돈을 벌겠다고 나서면 언제든 벌 수 있다는 자신감도 늘 있었다. 출판 마케팅이라는 개념을 한국 최초로 정리한 내가 성과와 돈에 무지할 리 없다. 그러나 회사를 차리고 나서는 그런 삶을 살고 싶지 않았다. 2006년 9월에 펴낸 자전『열정시대』(교양인)에서 "도산 안창호 선생은 좋은 책 한 권이 학교 하나를 세우는 것과 같다고 했다. 그런 뜻으로 나 혼자 학교를 세우는 것은 너무 시간이 오래 걸린다. 그렇다면 1만 명이 책 한 권씩을 내면 1만 개의 학교가 세워지는 것이 아닌가? 그래서 (한국출판마케팅)연구소는 지금껏 부족하나마 모든 출판인들이 좋은 책(학교)을 세우는 데 유용한 정보를 어떻게든 생산해 내려고 애쓰고 있다"고 적었다.

〈기획회의〉를 만든 것도 그래서다. 물론 나도 단행본을 펴냈다. 하지만 대다수가 출판에 대한 책이었다. 나보다 먼저 출판에 대한 책을 펴낸 출판인들은 1000부를 넘기기 어렵다고 말했다. 나는 2000부가 1차 목표였다. 가끔 2000부를 넘기는 책이 나오긴 했지만 그게 달성되어도 버틸 수가 없다. 그래서『21세기 지식 키워드 100』같은 책도 기획했다. 하지만 본격적인 상업 출판은 늘 망설여졌다. 고기 맛을 보면 내가 어떻게 변할지 알 수 없었기 때문이다.

2004년에 일본을 다녀오면서 책을 꽤 사 왔다. 그중 한 권은 다른 출판사에 번역출판을 권유했다. 5만 부는 팔 수 있을 것이라고 장담했다. 실제로 그 책은 5만 부 이상 팔렸다. 물론 내가 펴냈으면 그렇게 팔 수 없었을 것이다. 우리 직원들에게는 마쓰다 데쓰오의『인쇄에 미쳐』(한국출판마케팅연구소)를 펴내자고 했다. 팔릴 만한 책은 다른 출판사에 소개하고 남들이 펴내지 않을 책은 우리가 펴내자고 하니 직원들은 의아해했다.

편집자나 디자이너는 납활자에서 디지털 활자로 변화하는 과정을 제대로 이해할 필요가 있다. 아날로그와 디지털의 미세한 차이를 모르면 최상의 책을 펴내기 어렵다. 나는 이런 책을 쓸 사람은 국내에 없다고 말하며 필요한 책이라고 판단한 이유를 직원들에게 설명했다. 직원들은 얼마나 팔릴 것으로 예상하느냐고 물었다. 나는 태연하게 1000부는 팔릴걸, 하고 말했다. 대신 양장으로 펴내고 정가를 높이자고 했다. 초판 1000부를 모두 소진하는 데는 15년이나 걸렸다.

하지만 이 책 덕분에 저자인 마쓰다 데쓰오를 만나게 되었다. 20세기 말 페이퍼리스 시대의 도래를 예견하며 종이책이 죽고 전자책이 대세가 된다고 했을 때, 한국과 일본의 대응은 달랐다. 일본은 고단샤, 쇼가쿠칸, 슈에이샤를 비롯한 대형 출판사와 이와나미, 헤이본, 치쿠마 등 중요한 인문 출판사 등 열두 곳의 회사가 컨소시엄부터 구성했다. 대형 출판사는 돈을 많이 내고 인문 출판사는 적게 냈다. 그 컨소시엄에서 공동 연구를 해 모든 출판계와 연구 결과를 공유했다. 그때 컨소시엄의 대표로 일한 이가 바로 마쓰다 데쓰오다.

그는 1970년대 대표적 인문 출판사의 하나인 치쿠마쇼보에 입사해 '치쿠마 문고'를 창간하고 『老人力(노인력)』을 펴내 부도 위기를 넘기는 데 결정적인 역할을 했다. 노인이 되면 기억력이 감퇴하고 행동도 느려지는 등 노화 증상이 하나둘 나타난다. 하지만 노인이 돼 자기 실력을 정확히 알면 쓸데없는 일에 힘을 쓰지 않고 모든 것을 깊이 있게 꿰뚫어 볼 수 있는 능력이 발휘된다. 이런 능력이야말로 진정한 노인의 힘이라고 역설하는 책이 『노인력』이다. '치쿠마 문고'는 인문서도 문고가 될 수 있다는 사실을 증명해 보였다. 그는 이처럼 역발상으로 위기를 극복한 전설적인 편집자다.

나는 일본에 가서 그를 만나 〈기획회의〉에 편집자적 발상에 대한 글을 연재하자고 청했다. 한국 출판계에 초청 연설을 권유하기도 했다. 연재는 길게 가지 못했고, 나는 그의 다른 책 『제본에 미쳐』도 펴내고 싶었지만, 직원들의 눈치를 보느라 실행하지 못했다.

연구소에는 출판사에서 보낸 신간이 무수히 도착한다. 한번은 어떤 책을 들추어 보다 "이 책은 50만 부는 팔리겠는걸"이라고 말했다. 그 책은 실제로 50만 부가 넘게 팔렸다. 그런 일이 가끔 벌어지자 직원들은 나에게 대단한 능력이 있다고 판단했을 수도 있다. 적어도 팔릴 만한 책을 출간하면 상황이 달라질 수 있다고 기대했을 것이다. 그럴 기미가 보이지 않으니 능력 있는 직원들이 출판사를 그만두는 경우가 잦았다.

그러나 용기 있는 직원도 있었다, 한 직원은 당신은 하고 싶은 일을 맘껏 하면서 살아가면 그만이겠지만 우리는 이런 책만 펴내면 미래가 없다. 우리가 일을 제대로 배울 만한 책을 펴낼 수 있는 출판 브랜드를 만들자고 요구했다. 한국출판마케팅연구소라는 이름이 일반 독자에게 너무 어렵게 다가갈 것이라는 말도 이해가 갔다. 그래서 직원이 직접 이름을 정한 출판 브랜드가 '북바이북'이다. 그렇다고 상업적인 책을 펴낸 것도 아니다. 『사고의 용어사전』, 『망각의 힘』, 『몸으로 책읽기』 등 초창기에 출간된 북바이북의 책은 제목만 봐도 대강 짐작할 수 있을 것이다. 이마저도 만족할 수 없었는지 그 직원은 베스트셀러로 시장을 주도하던 출판사로 옮겨갔다가 창업을 했다.

한때 유명 저자가 책을 내 달라고 하면 나보다 더 판매를 잘할 수 있는 출판사로 가라고 했다. 당신밖에 없다고 하면 하는 수 없이 책을 펴냈다. 한 저널리스트는 내가 안 팔릴 만한 책만 일부러 골라서 펴내는 것 같다고 했다. 이런 자세로 사는 것이 얼마나 어려운지 모르는 이는 없을 것이다. 그래서 나는 직원들에게 월급이나 퇴직금은 많이 못 주지만 내 곁을 떠나서도 세상을 살아갈 수 있는 자신감은 주겠다는 마음으로 살아왔다. 그래서인지 나와 일정 기간 이상을 함께 일한 직원들은 모두 나보다 잘 산다. 나를 너무 잘 아는 후배는 언젠가 "소장님, 이제 학교는 접으시고 돈 좀 버세요. 당신 나이가 벌써 환갑이에요. 노후는 어쩌시려고!" 하고 말했다.

은유 작가는 인터뷰집 『출판하는 마음』(제철소)에서 "『글쓰기의 최전선』을 내면서 나는 저자로서 본격적으로 출판을 경험했고 공부했다. 똑같은 원고를 열 명의 편집자에게 주면 열 권의 각기 다른 책이 나온다는 말이 있다. 편집자의 역량과 역할이 그만큼 중요하다는 얘기다. (중략) 글의 총합이 책이 아니라는 것. 좋은 글이 많다고 좋은 책은 아니라는 것. 한 권의 책은 유기적인 구조를 갖고 있으며 책을 관통하는 하나의 메시지와 목소리를 가져야 한다는 것, 그 일을 과단성 있게 솜씨 좋게 해내는 사람이 편집자라는 것. 저자는 외부자의 시선을 갖기 어렵기에 편집자의 말에 귀 기울여야 한다는 것. 좋은 출판사보다 좋은 편집자를 만나는 게 중요하다는 것"이라고 말했다.

은유 작가의 책을 읽은 것은 2021년이다. 편집자의 역량과 역할이 중요한 것은 맞는 말이다. 편집자는 역량을 어떻게 키울 수 있을까? 일을 하면서 익혀야 한다. 따라서 편집자는 좋은 사수를 만나는 것이 중요하다. 나는 북바이북 설립 이후 신입 편집자가 사수에게 일을 배울 수 있는 시스템을 만들려고 노력했다. 언젠가부터 신입사원에게 제대로 일을 배워서 10년 뒤에 출판경영자로 일할 자신이 없다면 처음부터 그만두라고 말하곤 한다.

출판에 마케팅이라는 개념이 도입되고 나서 출판이 망했다고 이야기하는 사람들이 있다. 내가 마케터 출신이라는 것을 은근히 힐난하는 말이다. 일본의 대표적인 인문 출판사에서 수십 년 동안 일한 편집자는 "팔리는 책을 펴내야 한다는 강박이 일본 출판을 망하게 만들었다"고 이야기했다. 나는 그의 말에 전적으로 동의한다. 하지만 나는 '팔리는 책'이 아니라 '꼭 필요한 책'을 펴내야 한다는 생각으로 살아왔다. 나는 그런 책을 내고도 살아남았다.

나는 초보 저자의 책을 주로 펴냈다. 덕분에 "당신은 왜 초보 저자의 책을 주로 펴내나요?"라는 말을 가끔 듣는다. 나는 30대 무렵에 베스트셀러의 단맛을 많이 봤다. 그런 사람이 초보 저자의 책을 펴낸다는 것이 이해가 가지 않을 것이다. 나같이 살면 미래가 없을지 모른다. 그래서 요즘은 대부분의 결정권을 직원들에게 넘겼다. 나는 대표지만 스스로 정년을 정해 놓고 일한다. 정년 이후에는 직원들이 출판사를 맡아서 운영해야 하니 그들은 판단력을 키워야 한다. 직원들의 판단이라고 모두 옳을 수 있겠는가! 실패도 경험이 된다. 그릇을 깨 본 사람만이 그릇의 소중함을 아는 법이다.

기술이나 매체가 바뀌어도 그에 다른 기획과 콘셉트를 세울 수 있고, 수시로 새로운 감성의 상품을 찾아낼 수 있는 탁월한 감각, 투자자와 사람을 끌어모으는 행동력과 지칠 줄 모르는 도전정신을 발휘할 수 있는 편집자는 한 출판사의 수준을 뛰어넘는 존재가 될 확률이 높다. 출판사보다 편집자의 브랜드가 우위에 서는 일이 자주 생길 것이기 때문이다. 앞으로는 개별 프로젝트에 따라 수많은 스태프가 편집자를 중심으로 이합집산하거나 이종異種의 업체들이 컬래버레이션을 통해 개별 상품의 판매력을 키워 나가는 일이 일 반화될 것이다.

나는 언젠가 한국출판마케팅연구소와 학교도서관저널, 그리고 '나'라는 세 회사 중에 '나'만 남기면 고생 끝 행복 시작이라고 말했다. 그때는 내가 벌어들이는 강연료와 원고료가 적지 않았다. 나를 제외한 다른 두 출판사는 나의 가외 노동이 없으면 버티기 어려웠다. 하지만 지금은 강연과 외부 원고 쓰는 일을 대부분 그만두었다. 그런데도 회사는 잘 굴러간다. 내 의도가 먹히고 있는 셈이다.

〈학교도서관저널〉
초창기의 위기

〈학교도서관저널〉 창간 초창기에 너무 힘들었다는 이야기는 앞에서 했다. 치매 초기 증상을 보이는 어머님의 간병과 〈학교도서관저널〉 창간이 겹치니 더욱 힘들었다. 그때는 외부 연재 원고도 많았다. 외부 일을 끊으면 돈이 끊기니 생계가 문제였다. 게다가 교사이면서 독서 운동을 열심히 해 온 이가 〈학교도서관저널〉은 주식회사가 펴내는 잡지이니 상업적이라고 비판하는 글을 〈한겨레〉에 발표했다. 〈한겨레〉도 주식회사다. 그러니 상업적인 언론인가! 이 문제는 조월례 〈학교도서관저널〉 추천위원장이 반론을 쓰는 것으로 대응했지만 그야말로 총체적 난국이었다.

〈학교도서관저널〉에는 '이달의 책'이라는 코너에 매호 70여 권의 신간 서평이 실린다. 엄청나게 쏟아지는 책을 한 사람이 모두 읽고

고를 수는 없다. 그래서 60명이 넘는 추천위원회를 구성했다. 〈기획회의〉는 몇 사람이 움직이면 굴러갈 수 있었지만 〈학교도서관저널〉은 달랐다. 조직이 움직여야 했다. 내가 아는 이는 별로 없었다. 편집팀도 안정되지 않았다. 준비도 없이 서둘러 창간한 것이 문제였다. 잡지가 한 호씩 나올 때마다 중요한 사람이 하나씩 그만두니 앞이 보이지 않았다.

잠이 오지 않았다. 하소연할 곳도 없었다. 혼자 계신 어머님 앞에서 술을 마실 수 없는 노릇이었다. 그래서 귀가하다가 당산역에 내려서는 소주 두 병을 사 강변으로 나가 혼자 마시는 날이 잦았다. 그러면서도 새벽에는 어김없이 블로그에 글을 올렸다. 그때 사마천을 전공한 친구 김영수가 나의 불안함을 감지하고는 자신이 사는 전라남도 영광으로 내려오라고 했다. 그는 나를 차에 태우고 법성포 쪽으로 가다가 농토가 있는 곳에서 내리라고 했다. 그곳은 원불교의 창시자인 소태산 대종사가 신도들과 함께 바다를 막아 만든 농토로 원불교 성지였다.

바다 쪽을 제외한 삼면이 산으로 둘러싸인 그곳을 거닐며 친구는 "산에 걸려 넘어지는 사람은 없다. 그러나 작은 돌부리에 걸려 넘어진다"는 이야기를 했다. 심지어 재수가 없으면 목숨을 잃을 수도 있다고 했다. 네가 추구하는 이상이 잘못된 것이 아니니 작고 사소한 일에 너무 신경 쓰지 말라는 이야기로 받아들였다. 나중에야 그것이 『한비자』에 나오는 이야기라는 것을 알았다. 친구는 관중과 환공의 이야기를 이어서 들려줬다.

환공은 포숙의 간청으로 자신을 죽이려 했던 관중을 재상으로 받아들인 다음, 관중에게 자신이 술과 여자 그리고 사냥을 다 좋아하는데도 천하의 패주覇主가 될 수 있겠느냐고 여러 번 물었다. 관중은 그때마다 얼마든지 가능하다고 했다. 미심쩍었던 환공이 그 방법을 묻자, 관중은 '지인知人, 사람을 알 것', '용인用人, 알았으면 쓸 것', '중용重用, 사람을 쓰되 그냥 쓰지 말고 소중하게 쓸 것', '위임委任, 소중하게 썼으면 권한을 주어 맡길 것', '원소인遠小人, 일이 잘 굴러가면 이간질하는 소인배를 멀리할 것'이라고 충고했다. 더불어 네 가지를 모두 실천하고서도 마지막 하나를 소홀히 하면 모두 쓸모없어진다고 경고했다.

환공은 관중의 조언을 받아들여 춘추오패春秋五覇 중 제일가는 사람이 되었다. 하지만 관중과 포숙 등 충신이 모두 죽은 이후에는 다시 제 버릇을 버리지 못하고 술과 여자에 빠져들었다. 그러고는 소인배들의 농간에 놀아났다. 결국 쿠데타가 일어나 환공은 별궁으로 쫓겨났다. 별궁은 외부인의 출입이 차단되었고 음식마저 주어지지 않았다. 환공은 배고픔에 몸부림치다가 굶어 죽었다. 아무도 환공이 죽은 줄 모르다가 시체에서 나온 구더기가 별궁 담장을 넘어오는 것을 보고서야 환공이 죽었다는 사실이 알려졌다. 그의 시신은 60여 일 만에 수습되어 장례를 치를 수 있었다.

친구는 이것이 리더십의 5단계라 했다. 나는 그때부터 친구의 조언을 최대한 실천하려 했다. 〈학교도서관저널〉의 일은 무조건 현장 교사들과 독서 운동가들에게 위임했다. 그때 친구의 조언을 듣지 않았다면 나는 살아남지 못했을 것이다. 초창기의 어려움은 성급하게 조기 안정화를 꾀한 것이 자충수가 되었기 때문이다.

〈학교도서관저널〉 창간호(2010년 3월호)와 별책 단행본 『2010 추천도서목록』은 각각 2만 부를 발행해 전국 초중고를 비롯한 독서 운동과 관련된 개인과 단체에 무료로 발송했다. 이 사실을 안 출판사들은 좋은 홍보의 계기로 삼았다. 대형 출판사들은 보통 신학기에 도서목록을 제작해 학교로 보내곤 했는데, 수천만 원의 비용이 들지만 효용을 기대하기는 어렵다. 그러나 〈학교도서관저널〉에 광고를 하면 확실한 효과를 기대할 수 있었다. 그래서 몇몇 출판사는 32쪽에 걸쳐 광고를 게재하겠다는 의지를 보였다.

32쪽 이상은 불가능하다고 상한선을 정해 놓고 배짱을 튕겨도 될 정도였다. 32쪽이 어려운 출판사는 16쪽이나 8쪽짜리 광고를 하거나 1쪽이라도 광고하려는 이들이 많았다. 덕분에 230쪽에 걸쳐 광고가 유치되었다. 책이 나오고 나서야 광고가 지나치게 많다는 느낌이 들었지만, 선의로 한 일이라 괜찮을 줄 알았다. 광고비로는 2억 3000만 원이 모였지만, 이마저도 제작비와 택배비로 모두 소진되었다. 하지만 어렵게 독서 운동을 해 온 몇몇 이들은 광고만 보고 상업주의 잡지라 비판했다.

친구도 이런 사실을 알았기에 나에게 지인, 용인, 중용, 위임, 원

소인의 5단계 리더십을 이야기한 듯했다. 나는 서울에 오자마자 모든 일을 기획위원들과 추천위원들에게 위임했다. 이후 14년 동안 잡지를 펴냈지만, 골격은 처음에 만들어 놓은 그대로다. 나는 한 번도 기획위원과 추천위원에게 청탁을 한 적이 없다. 창간사와 창간 1주년 기념호의 머리말, 창간 10주년 기념사를 쓴 것 외에는 어떤 글도 쓰지 않았다. 부족한 자금을 메우는 것에만 관여할 뿐, 책을 만드는 모든 권한을 현장에서 아이들과 함께하는 교사와 독서 운동가에게 넘겼다. 전국의 교사와 활동가 들은 자신들의 경험을 공유했고, 함께 무수한 책을 검토하고 추천했다. 한 독서 운동가는 멍석을 깔아 놓고 마음껏 놀게 만들었기에 〈학교도서관저널〉이 성공할 수 있었다고 회고했다. 흔한 말로 위기를 기회로 삼은 셈이었다.

한 독서 전문가는 〈학교도서관저널〉과 같은 성격의 잡지는 OECD에 가입한 대부분의 국가에서 발행되지만, 모두 공공기관에서 주관하므로 개인이 펴내는 나라는 한국이 유일하다고 했다. 학생들에게 양서를 큐레이션해 주면서 독서의 중요성을 알려 주는 일이 중요하다는 것을 모르는 이는 없을 것이다. 그러나 그런 일은 돈이 되지 않는다. 사실상 개인이 해야 할 일이 아닐 테지만 나는 독서 운동 단체인 '학도넷(학교도서관문화운동네트워크)'과 연대해 잡지를 창간했다. 준비 당시 주요한 독서 운동 단체에 같이 일하자는 뜻을 전했지만 학도넷 이외에는 모두 거부했다.

*

2022년 우리나라 합계출산율은 0.78명이다. 합계출산율이 2.1명을 유지해야 인구 균형 상태가 되는데 해마다 줄어들고 있다. 한국의 출산율은 전 세계에서 거꾸로 1위다. 조영태 서울대 보건대학원 교수는 "이런 수치면 2750년에 대한민국이 소멸된다"면서 굉장히 심각한 수치라고 말했다. 그야말로 인구절벽의 시대다. 게다가 우리나라는 2025년에 초고령 사회에 진입한다. 이런 시대에 출판은 희망이 있을까?

〈기획회의〉 590호와 591호에서는 '인구절벽 시대의 독자들'을 특집으로 다뤘다. 590호(2023년 8월 20일)에서는 '시니어 시대의 독자의 나이테'를, 591호(2023년 9월 5일)에서는 '0.78 이후의 세계와 출판'을 주제로 특집을 꾸렸다. 저출생 고령화는 이웃 나라 일본이 먼저 겪었다. 591호에 실린 최준란 길벗출판사 자녀교육서팀 팀장의 「저출생 문제와 출판의 미래」는 우리가 일본을 반면교사로 삼아야 한다는 사실을 알려 주고 있다. "인구가 2008년에 정점을 찍고 이후로는 감소 추세"에 있는 일본은 "2100년이면 약 6000만 명이 될 것으로 예상된다. 이 수치는 지금의 절반"이다.

일본은 "1996~1997년 출판의 전성기 이후 20년 동안 하락 추세에 있었고 출판 시장 규모는 절반으로 줄어들고 있다". 일본의 인구 감소는 특히 잡지 시장에 큰 타격을 주었다. 그렇다면 일본 출판업계는 이런 위기를 어떻게 극복하고 있을까? 최준란 팀장은 다음과 같이 정리하고 있다.

일본 최대의 종합출판사 고단샤는 저작권을 다루는 판권사업에 중점을 두고 비투비(Business to Business) 사업에서 매출을 올리고 있다. 구체적으로는 특정 작품을 드라마나 애니메이션으로 시각화하거나 광고 등 특정 서비스의 이미지 캐릭터로 활용하고, 이 캐릭터를 활용한 상품화로 수익을 증대시키고 있다. 즉 종이책에서 '다른 미디어'로 바꿔 출판물의 내용을 보급하고 있는 셈이다.

가도카와는 출판사업 외에도 비디오 사업, 게임사업, 웹 서비스 사업 등 사업 다각화에 특히 적극적이다. 그 강점 중에 하나가 가도카와의 IP 전략 비즈니스 모델이다. IP는 Intellectual Property의 약자로, 고단샤와 마찬가지로 자체 콘텐츠를 시각화하고 상업화하여 수익을 창출하고 다른 회사와 이벤트를 개최한다.

도요게이자이는 일본에서 PV(페이지 뷰)가 가장 많은 미디어인 'Toyo Keizai Online'을 운영하며 출판 경기 침체를 극복하고 있다. 잡지 〈주간 도요게이자이〉와 〈도요게이자이 온라인〉이 있는데 '같은 기사를 인쇄물과 디지털로 다르게 읽는다'는 콘셉트로 동일한 내용의 기사를 약간 다르게 편집하고 종이와 디지털의 강점을 활용하여 독자를 끌어들였다.

결국 종이책이 줄어들면서 디지털화에 대한 관심은 중요해졌다. 만화와 애니메이션에 강한 고단샤, 비디오와 인터넷 사업에 강한 가도카와, 일본 최대의 뉴스 매체로 선두하고 있는 도요게이자이는 각 기업의 강점을 살린 비즈니스 모델을 통해 수익을 올리고 있다.

우리는 인구절벽 시대를 어떻게 이겨내야 할까? 학령인구가 엄청난 속도로 줄어들고 독자 또한 줄어들고 있는 시대에 우리는 잘 대비하고 있는 것일까? 학습지와 에듀테크를 비롯한 교육출판 콘텐츠 시장은 어떤 대비를 해야 할까? 나는 2009년에 청소년 독자를 키우지 않으면 미래가 없다고 외치면서 월간지 〈학교도서관저널〉의 창간을 주도했다. 그때 나는 교육 현장에서 독자를 키워 내지 않으면 출판의 미래는 없다고 생각했다. 그래서 출판사들을 대상으로 공개적인 참여를 요청했다. 저출생으로 학령인구가 엄청난 속도로 줄어드는 시대에 새로 태어난 아이들을 독자로 만들지 못하면 출판의 미래는 없다고 설득했다. 그때 참여한 이들이 모아 준 출자금으로 〈학교도서관저널〉은 14년을 버텼다.

〈학교도서관저널〉은 공익성이 강한 잡지다. 내가 아니더라도 누군가는 펴내야 한다. 그래서 자생력을 갖춘 회사로 만들기 위해 노력 중이다. 2013년부터는 단행본도 펴내기 시작했다. 앞으로 단행본 출판을 더 강화해 더욱 안정된 터전을 마련할 생각이다. 내 출판 인생에서 가장 잘한 일은 〈학교도서관저널〉의 창간이 아닐까 싶다. 다행히 〈학교도서관저널〉은 순항하고 있지만, 아직은 운동화 끈을 조여 매고 열심히 뛰어야 한다.

〈학교도서관저널〉
흑자 전환의 일등 공신, 알파고

출판평론가 한기호 한국출판마케팅연구소 소장은 매일 새벽 2, 3시에 일어난다. 지난 1980년 공주사범대 재학시절 '사대신문' 편집장이었던 그는 엄혹한 시대, 매일 밤 폭음으로 쓰러졌고 새벽 2, 3시에 일어나 원고를 휘갈겼다. 가난한 집안 6남매의 장남으로 제정신으론 날선 글을 쓸 수 없었기 때문이었다. (하지만 그는 결국 1980년 포고령 위반으로 구속돼 4학년 때 제적됐다.) 남다른 청춘의 습관은 이 중년 열혈 평론가의 일상이 됐다. 방해하는 사람도 없고 자신을 찾는 전화도 오지 않는 새벽에 그는 책상에 앉는다. 글을 쓰고 책을 읽는다. 새벽에 이미 남들 하루치 일을 해 버리니 그의 하루는 남들보다 2배나 긴 셈이다.

그는 매일 의무적으로 책 한 권을 읽고, 한 달 평균(200자 원고지) 500장을 쓰며 20여 회 강연을 한다. 단독 저서는 20권, 공저까지 합하면 100권이 넘는다. 한국출판마케팅연구소, 북바이북, 어른의시간 등 출판사 브랜드 다섯 개를 운영하고 두 개의 잡지, 출판전문 격주간지 〈기획회의〉와 월간 〈학교도서관저널〉을 낸다. 여기에 그가 출판계에 던지는 화두와 논쟁까지 더하면 엄청난 생산량이다. 이렇게 바쁘게 몸을 움직이지만 돌봐야 하는 '식구들'이 많은 탓에, 딸 둘에 여든셋의 노모를 모시고 사는 '돌싱 대디'인 그의 통장 잔액은 현재 마이너스이다. 넘치는 생산량과 부족한 통장 잔액. 이 불편한 불균형을 안고 사는 그를 지난 2일 서울 마포구 서교동 한국출판마케팅연구소 사무실에서 만났다. 그가 15년간 일했던 창비 영업 책임자 생활을 접고, 1999년 창간한 〈기획회의〉가 최근 400호를 냈기 때문이다. 일반인들에겐 낯설지만 〈기획회의〉는 출판계 내에서는, 출판 관계자들이 가장 많이 참고하는 '핫한' 출판·서평지이다. 심하게 과장하자면 출판계의 뉴욕타임스라고나 할까.

〈문화일보〉 2015년 10월 7일 자에 실린 인터뷰 기사 「한기호 "한 달 500장 쓰고 강연 20회… 통장은 마이너스"」는 이렇게 시작한다. 기자가 "이 많은 일을 어떻게 다 하느냐"고 물었을 때, 나는 가능한 이유를 두 가지로 들었는데 그중 하나는 책이었다. "많은 결정을 하려면 판단력과 순발력이 있어야 하는데 그 답은 책에 있다. 책엔 모든 것이 있다. 열심히 읽다 보면 아이디어가 떠오른다. 책은 한 사람의 인생을 완전히 뒤집어 놓기도 한다는 점에서 폭력적인 미디어일 수 있다. 가난하고 가진 것 없는 나에게 책은 모든 것을 가르쳐 줬다. 책을 읽고 블로그에 쓰면, 데이터베이스가 되고 그것이 다시 책으로 나온다."

한때 나는 시대의 흐름을 읽으려고 일본에 자주 갔다. 당시 한국의 대형서점은 광고료를 받고 판매대 자리를 팔았다. 독자가 진정 원하는 책이 아니라 출판사가 팔고 싶은 책만 진열되어 있기에 흐름을 읽기 어려웠다. 일본에 갈 때면 이케부쿠로에 있는 준쿠도서점에서 온종일 살았다. 지하 2층, 지상 8층짜리 건물인데, 8층에서부터 한 층씩 내려가면서 책을 살폈다. 젊은 나이였지만 종일 서 있으려면 힘들었다. 그러면 구석에 주저앉아 책을 읽기도 했다. 그러다 출판 흐름에 대한 답을 얻으면 몸이 날아갈 듯 편해졌다. 나는 그 서점에 갈 때마다 100만 원가량의 책을 사곤 했다. 그게 나의 식량이었다.

앞의 인터뷰에서 나는 영등포구 당산동에 있는 아파트는 문고리만 빼고 나머지는 모두 은행 소유라고 말했다. 정말 열심히 일하는데도 빚은 갈수록 늘었다. 은행 빚만 있는 것이 아니었다. 내가 하는 일이 잘되기를 바라는 이들이 개인적으로 빌려준 돈도 적지 않았다. 이자를 주지 않아도 되는 돈이었지만 심리적 부담은 엄청났다. 〈문화일보〉와 인터뷰를 한 이듬해인 2016년 3월에 이런 나를 결정적으로 도와준 귀인이 나타났다. 바로 '알파고'다. 알파고가 이

세돌과 바둑을 두고 난 뒤 상황이 크게 달라졌다. 예상과는 달리 이세돌은 다섯 번의 대국 중 한 번만 승리를 거두었고, 그때 보여 준 '인간만이 둘 수 있는 한 수'로 인해 인간다움이나 인공지능에 대한 사람들의 관심이 크게 높아졌다.

이후 학력보다 상상력이 중요하다는 이야기를 모든 언론에서 떠들자 학교나 가정에서는 세상이 바뀌었다는 것을 절감하게 되었다. 그 바람에 〈학교도서관저널〉의 발간 취지와 중요성이 부각되면서 발행인인 나에게 강연을 요청하는 학교도 많았다. 다음은 〈학교도서관저널〉 창간호에 실린 「세상을 살아가는 역량, 학교도서관에서 기르자」의 전문이다.

우리 시대 가장 유명한 발명가 가운데 한 사람인 레이 커즈와일은 1976년 종이 자료를 영상으로 변환하는 CCD 스캔 기술, 영상문자를 판독하여 텍스트로 변환하는 광학문자인식(OCR) 기술, 텍스트를 음성으로 읽어 내는 텍스트 음성 합성(TTS) 기술 세 가지를 결합한 '커즈와일 읽기 기계'를 발명했다. 컴퓨터로 인쇄 문자를 읽는 기술은 스마트폰 같은 휴대 전화에까지 도입되어, 이제 모든 자료를 텍스트로 보관하면서 읽거나 듣는 일이 일상적인 것이 되었다.

기술 발달은 도대체 어디까지 나아갈까. 레이 커즈와일은 기술이 인간을 초월하여 양자가 합한 제3의 존재가 되는 '특이점'에 곧 도달할 것이라는 충격적인 예언을 내놓기도 했다. 특히 나노기술은 무한대로 발달하고 있어 우리는 인류가 생산한 모든 정보에 언제 어디서나 즉각 접근할 수 있게 될 것이다.

이런 마당에 정보를 기억하고 보관하는 일은 전혀 장점이 되지 못한다. 이제 주어진 정보를 엮고 해석하여 자기만의 이야기를 만들어 내지 못하면 경쟁에서 즉각 도태될 수밖에 없다. 그런데 그런 능력은 주입식 교육 시스템에서는 결코 키워지지 않는다. 그것은 어려서부터 다양한 책을 읽으며 상상하는 능력을 키운 사람만이 갖출 수 있다.

게다가 웹2.0으로 읽기와 쓰기가 연동된 시대가 돌아왔다. 본래 조선시대만 해도 사대부에게 있어 쓰기는 생존을 위한 필수적인 '기술'이었다. 과거시험은 잘 써야만 통과될 수 있었고, 잘 쓰기 위해서는 무조건 많이 읽어야 했다. 그러다 대중 저널리즘의 등장 이후에 소수의 '쓰기'와 다수의 '읽기' 체제가 굳어졌던 것이다.

그러나 최근 누구나 무엇을 죽어라고 쓰는 시대가 완벽하게 부활하고 있다. 휴대전화 문자나 이메일, 트위터 등에다 무엇이든 잘 써야만 한다. 기업에서 도태되지 않기 위해서는 기획서 한 장이라도 잘 써야 한다. 인터넷 블로그에 좋은 글을 쓴 사람은 종종 메이저리그 스타가 되기도 한다. 블로그에 글을 쓴다는 것은 종이책으로 '출판'되는 것이나 다름없다. 앞으로 개인은 이렇게 읽기와 쓰기와 출판이 연동된 삶을 살아야만 한다.

하지만 지금의 시대는 조선시대와는 현격하게 다르다. 조선시대에는 '사서오경' 같은 극히 한정된 텍스트를 마르고 닳도록 읽기만 해도 과거라는 관문을 통과할 수 있었지만 지금은 날로 증가하는 무수한 텍스트를 연결하여 읽으면서 자신만의 장점, 다르게 말하면 '차이'를 드러내야만 한다. 그런데 지금의 교육과정을 감안하면 그런 능력은 우수한 대학을 졸업한다 해서 결코 저절로 키워지지 않는다. 이미 지식을 단순하게 암기하는 공부만으로 시험성적을 잘 내는 데만 익숙했던 사람들이 사회에서 부적응자로 도태되는 일이 다반사인데 앞으로는 그런 체제가 더욱 강화될 것이다.

이제는 대학 졸업장이나 석·박사학위보다도 어떤 역량을 갖췄는가가 더욱 중요하다. 한 번의 직업 선택이 중요한 것이 아니라 어떤 직업을 선택해도 성공할 수 있는 능력을 갖춰야만 한다. 정보에 대한 접근능력이 아무런 경쟁력이 되지 않는 시대에는 정보를 끄집어내 주관적인 의미를 부여하여 가치를 발생시킬 수 있는 능력의 소유자여야 시대를 주도할 수 있다. 이런 능력 또한 어려서부터 책을 많이 읽으며 중요한 부분만 남겨 놓고 나머지는 망각하는 능력, 즉 콘셉트를 뽑아내는 훈련을 제대로 한 사람만이 갖출 수 있다.

역량을 갖추기 위해서는 그래서 책 읽는 환경이 더욱 중요하다. 웹에서 검색을 통해 얻을 수 있는 정보는 이미 누군가가 상상력을 발휘한 것일 뿐만 아니라 질을 보장하기도 어렵다. 책의 가치는 '편집력'에 있다. 행간과 여백까지 배려한 책을 읽어야만 역량을 확실하게 갖출 수 있다. 그것도 불규칙하게 놓여 있는 수많은 책을 함께 읽으며 자신만의 차이를 만드는 일을 어려서부터 할 수 있을 때에야 비로소 제대로 갖출 수 있는 것이다.

그러기 위해서는 무엇보다 늘 수많은 정보에 접근할 수 있는 환경이 필요하다. 그것은 바로 도서관이다. 특히 학교도서관은 다양한 신간을 제대로 구비해서 학생들이 언제나 필요한 자료에 접근할 수 있는 환경으로 거듭나야 한다. 하지만 우리나라의 학교도서관 환경은 매우 열악하다. 학생들에게 자신이 무엇이 부족한지를 깨닫게 하고 그런 결핍을 채우는 이정표를 안내해 줄 사서교사 또한 너무 적다.

이런 열악한 환경을 개선하는 데 앞장서기 위해 우리는 〈학교도서관저널〉을 펴내기로 했다. 이 잡지에서는 학교 현장의 사서교사와 담당교사, 교육운동가, 독서 운동 종사자, 출판전문가, 평론가, 작가 등이 참여하여 어떤 책을 어떻게 읽어야 하는가에 대해 말하고자 한다. 이 잡지를 창간하기까지 시간이 너무 짧았다. 체제를 갖추고 바람직한 지면을 어떻게 꾸려야 할지 충분한 토론을 벌이지 못한 것에 많은 아쉬움이 남는다. 이 부족함은 독자 여러분과 함께 채워 가고자 한다.

〈학교도서관저널〉을 창간할 즈음 나는 '저장의 시대에서 망각의 시대로'라는 제목으로 강연을 꽤 했다. 인간은 정보의 저장, 보관, 이동에 있어서는 기계(컴퓨터)를 이길 수 없다. 컴퓨터는 스스로 '삭

제'하지 못한다. 핵심만 남겨 놓고 나머지를 버리는(잊어버리는) 능력은 없다. 핵심을 파악하는 능력은 독서를 통해 길러진다고 했다. 그런 능력을 키워서 아무도 걷지 않는 나만의 오솔길을 찾아야 한다고 외치곤 했다.

물이 들어올 때 노를 저어야 했다. 2016년 6월, 이미 발표한 칼럼을 모아서 『인공지능 시대의 삶』(어른의시간)을 서둘러 펴냈다. 이세돌과 알파고의 대국 훨씬 이전부터 인공지능의 발달에 대한 우려의 목소리가 높았다. 기계가 인간을 대체하면서 일자리가 사라질 것이라는 테크놀로지 실업에 대한 공포나 현재 고소득 직종들이 몇 년 안에 사라질 것이라는 예언은 젊은 세대들에게 패배감을 심어 주기에 충분했다. 이 책에는 이러한 시대를 살아 내기 위해 우리가 무엇을 준비해야 하는지를 이야기한 칼럼들을 모았다.

이 책을 출간하면서 다시 강연 요청이 늘어났다. 나는 강연하는 장소에 일찍 도착해 미리 분위기를 파악하는 버릇이 있다. 2016년 여름, 김포의 한 중학교에서 '인공지능 시대의 삶'을 주제로 학부모 대상 강연을 하게 됐다. 미리 도착해 교감 선생님에게 강연을 들으러 오는 사람들이 누구냐고 물었다. "99퍼센트가 아이들 엄마"라는 대답이 돌아왔다. 그래서 '남편이 속을 썩이면 남편을 버리고 홀로 서는 법'이라는 주제로 강연을 하려고 머릿속으로 생각을 다듬고 있었다. 결국 어떤 책을 어떻게 읽어야 한다는 내용이지만 말이다. 그런데 막상 강연장에 들어서니 아빠가 거의 절반이었다. 급변

한 세상에서 아이들의 미래를 고민하는 것은 비단 엄마만의 문제가 아니었던 것이다. 부모들이 총동원될 만큼 당시 인공지능과 교육, 책 읽기에 관한 문제는 뜨거운 화두였다.

이런 분위기 속에서 〈학교도서관저널〉이 각광을 받으며, 2016년 잡지는 처음으로 흑자 전환을 이뤘다. 알파고를 만든 데미스 하사비스는 "인공지능을 조수처럼 활용하고, 최종 결정은 인간이 내리는 방식이어야 한다. 이 같은 방식이 아니라면 시간 낭비에 불과하다"고 말했다. 나는 같은 이유로 〈학교도서관저널〉을 창간했다. 그러니 내 인생에서 가장 잘한 일이 〈학교도서관저널〉 창간이라고 말하는 것은 조금도 이상하지 않다.

변화는
'함께 읽기'로부터

〈학교도서관저널〉을 창간하고 나서 빚만 늘어나니
답답했다. 학교, 교도소, 군대는 담 안에 있다. 외부
인이 담 안에 들어가서 일을 도모하기는 쉽지 않다.
나는 사범대학에서 공부했지만 교사로 일한 적은 없다. 안면도 농
촌 야학에서 무보수로 1년 일한 것이 전부다. 내가 학교의 변화를
주도할 수 없다면, 민간 독서 운동을 통해 사회 전체의 인식부터 바
꿔 보자고 생각했다. 독서공동체 숭례문학당과의 만남은 그렇게
시작됐다. 처음에는 매주 토요일에 함께 북한산 둘레길을 걸었다.
그때 숭례문학당 회원들은 진지했고 실력도 있었다. 걷다가 넓은
자리에 둘러앉아, 읽은 책의 한 부분을 읽고 각자 자신의 이야기를
덧붙이는 발췌독을 했다. 그것만으로도 좋았다.

회원들에게 매료된 나는 각자 '책으로 바꾼 삶'에 대해 써서 〈기

획회의〉에 연재하자는 제안을 했다. 독서 운동을 제대로 해 보려는 목적으로 기획했다. 2014년부터 시작한 연재는 2015년 5월 『책으로 다시 살다』(북바이북)라는 단행본으로 출간되었다. 이 책에는 인생에서 가장 힘든 순간, 책을 읽으며 자신의 길을 찾아간 숭례문학당 학인 스물다섯 명이 참여했다. 소모적인 일상에 처져 있던 직장인, 가족의 간병에 지친 주부, 사업 실패로 삶의 막막함을 느낀 가장, 갓 시작한 사회생활에서 어려움을 느끼는 청년 등 인생의 방황기를 책과 독서토론으로 극복한 사연들이 담겼다.

저자들은 어떻게 책을 만났고, 어떤 계기로 자신의 삶이 변화되었는지 들려준다. 첫머리는 다니던 회사가 망하고 아파트를 팔아 벌인 사업도 망하고 백수로 지내다가 50대 중반에 고전 100권을 함께 읽고 반전의 기회를 마련한 윤석윤이 장식했다. 환갑을 목전에 둔 윤석윤은 삶에서 세 번의 큰 격량을 겪었다. 첫 번째는 20대 젊은 시절 어선에서의 엔지니어 생활, 다음으로 40대 불혹의 나이에 겪은 회사의 부도와 연이은 사업 실패, 세 번째는 50대 이후 책으로 변화된 삶이다. 인생에서 가장 의미 있는 변화는 50대 중반에 찾아왔다. 글쓰기를 먼저 만났고, 독서토론이 그 뒤를 따랐다. 그는 스스로 화려한 60대를 위한 준비가 끝났다고 자랑하며, "남녀노소에 상관없이 누구에게나 자유롭게 개방된 독서의 해방구가 독서토론"이라고 말한다.

두 번째는 외국계 은행에서 나름 승승장구하다가 아이가 주의력

결핍과잉행동장애(ADHD) 판정을 받아 회사를 그만두고 아이와 1년 동안 그림책을 함께 읽으며 치유의 과정을 찾은 장정윤이 장식했다. 그는 "책은 단순한 글자가 아니다. 그 속에 담긴 내용도 저자의 것이 아니다. 책을 읽는 순간에 그것은 나와 아들의 것이 되었고, 우리는 그 속에서 재미를 느끼고 놀며 서로의 마음을 치료할 수 있었다. 책에 쓰여 있는 내용이 다른 나라에 사는 다른 세대의 사람에게 깊이 공감되는 순간이었다. 그때부터 나는 본격적인 책의 세계로 빠져들어 갔다"고 말했다.

세 번째는 20대 끝자락에 맞닥뜨린 교통사고로 왼팔 외엔 움직일 수 있는 신체 부위가 없을 정도로 치명적인 상처를 입었음에도 기적적으로 살아난 서미경이다. 언제든 죽을 수 있다는 깨달음은 무모함을 갖게 했고, 이후 독서전문가가 되었다고 한다. 그는 말한다. "처음 책을 잡은 이유는 소박했다. 나를 위한 침묵의 공간이 필요했다. 책이 가져다주는 침묵으로 날 물건으로 보는 비인격적인 시선을 막고 싶었다. 그들을 무시하기 위해 든 책은 적당히 누워 책을 잡을 때마다 오는 고통에도, 삐딱하게 뼈가 붙는다는 의사의 협박에도 놓을 수 없었다. 책을 잡으면 쑥과 마늘을 먹고 사람이 된 웅녀처럼 내가 고통에 몸부림치는 동물에서 인간이 될 것 같았다. 책을 잡고 있으면 고통도 사라지고 빛을 볼 수 있을 거라는 신화 같은 믿음이 있었다. 이 어이없는 믿음으로 책을 읽었고 책에서 나의 인간다움을 위로받았다."

숭례문학당과의 만남으로 나는 힘을 얻었다. 나는 『책으로 다시 살다』를 밤새 읽고서는 오전 6시 40분에 신기수 당주와 김민영 이사와의 단체채팅방에다 "책다살(『책으로 다시 살다』) 읽었습니다. 내가 드디어 이런 책을 냈구나, 하는 생각에 뿌듯했습니다. 두 분과의 만남은 내 인생 최고의 인연인 것 같습니다. 나도 모르게 눈물이 쏟아지네요. 정말 고맙습니다. 두 분과 이 책의 저자들 모두가." 운동은 혼자서는 할 수 없다. 함께해야만 한다. 책도 함께 읽는 것이 좋다.

그 연재가 반년쯤 진행되었을 때 숭례문학당의 신기수 당주는 『이젠, 함께 읽기다』(북바이북)의 원고를 보내왔다. 원고를 읽고 쾌재를 불렀다. 그 책이 출간된 것은 2014년 9월이다. 독서 운동을 제대로 하려면 모두를 설득할 슬로건이 필요했다. 『이젠, 함께 읽기다』는 탁월한 선택이었다. 나는 그 원고가 도착하기 전 문화체육관광부(이하 문체부)의 독서 운동 담당 국장에게 '함께 읽기' 운동을 제안했었다. 이는 전국 도서관에 독서동아리 사업이 시작된 계기가 되었다. 문체부는 2014년에 10만 개 독서동아리(동아리 당 참가자 15명)를 후원하는 것을 시작으로 해마다 예산을 늘렸다. 이후 도서관 평가에서 독서동아리 사업이 중시되며 '함께 읽기'는 대세가 되었다.

『이젠, 함께 읽기다』가 출간된 후 숭례문학당에 자발적으로 찾아오는 이들이 늘었다. 직업은 다양했지만, 그중에는 교사도 많았다. 내가 의도한 일이 실제로 벌어진 것이다. 독서로 변화된 삶을 경험한 그들은 학교라는 담장 안에서도 학생들을 변화시키고자 노력했을 것이다.

*

'함께 읽기'의 중요성을 가장 열정적으로 설파한 이는 교사 출신의 독서 운동가 백화현이다. 그는 〈학교도서관저널〉 창간 멤버이자 내게 '함께 읽기'의 중요성을 가르쳐 준 이이기도 하다. 백화현 선생은 〈학교도서관저널〉 2012년 3월호 「함께 읽기'가 사람다운 사람을 만든다」에서 책모임 운동을 펼치게 된 이유를 다음과 같이 말했다.

혼자 하는 독서가 아니라 친구들과 함께하는 '책모임'을 활성화시켜야겠다고 마음먹게 된 것은 '존재의 소중함'에 대한 근원적인 질문 때문이었다. 성적보다 더 중요하고 진로 지도보다 더 근본적인 것, 그것은 '존재에 대한 성찰과 만남'이라 생각했다. (중략) '책모임'은 다르다. '책 속 인물들'을 빌미 삼아 자신의 내면 깊숙한 고민과 생각들을 굽이굽이 풀어놓을 수 있고, '책 속 사건들'을 핑계 삼아 마음껏 웃고 울 수 있다. 또한 내가 아닌 '너'의 마음과 생각 속을 처음으로 깊이 들여다보며 그가 물건이 아닌 사람, 많은 사연과 생각과 아픔과 고뇌와 꿈을 지닌 나와 같은 '사람'임을 비로소 깨닫게 된다. (중략) 책모임은 왜 필요한가? 이러한 존재 하나하나를 깊이 만나며 서로 인정하고 격려할 수 있기에 필요한 것이다.

그는 실제로 두 아들을 '가정독서'로 잘 키워 냈다. 친구 대여섯 명을 모아 함께 책을 읽게 도와줌으로써 아이들이 삶을 스스로 꾸려 갈 수 있게 만든 경험은 『책으로 크는 아이들』(우리교육)에 잘 담겨 있다. 그의 다른 저서 『도란도란 책모임』(학교도서관저널)에는 학교에서의 경험담을 중심으로 구체적인 책모임 운영 노하우를 담았다. 이 책은 학교도서관저널에서 처음으로 펴낸 단행본이기도 하다.

나는 2014년 KBS 〈TV, 책을 말하다〉의 자문위원이었다. PD와 작가들 다수가 참석한 자문회의에서 "방송사가 국민을 기만하고 있는데 큰일이 났다. 지금 드라마에서는 의사와 변호사를 대단한 직업인 것처럼 떠받들지만 그 드라마를 보고 자란 청소년들이 정작 의사가 되고 변호사가 되었을 때는 3D(더럽고 위험하고 힘든) 업종으로 전락할 확률이 높다. 그때 방송을 원망하지 않겠느냐. 그 감당을 어떻게 할 것이냐?"고 물었다. 제작진은 내게 즉시 답하지는 않았지만, 그해 연말 기획특집 〈독讀해야 산다〉를 방영함으로써 내 의견을 수용해 주었다.

이 프로그램에서는 『이젠, 함께 읽기다』와 에밀 파게의 『단단한 독서』(유유)를 집중적으로 소개하면서 "천천히, 깊게 읽고 여러 사람과 모여 같은 책을 함께 읽고 이야기를 나누는 것이 현재 읽기의 세계적인 트렌드"라며 '천천히, 깊게 읽기'와 '함께 읽기'라는 독서 경향을 알렸다.

학생들이 '양질의 일자리'를 얻으려 졸업장에 목매는 사이 세계에는 지금 큰 변화가 일어나고 있다. 다양한 상상력을 기반으로 한 1인 기업가의 세상이 오고 있는 것이다. 이제 온 세상이 당신 자녀를 위한 '차고'가 된다. 이런 환경에서 기존의 학력 프레임이 과연 무슨 의미가 있을까? 한 대학생은 치기공사가 되면 500만 원 정도의 월급을 받을 수 있다고 해서 큰 기대를 품고 치기공과에 입학했다가 3D 프린터가 나오면서 월수입이 100만 원 아래로 떨어지자 공무원 시험을 준비하고 있다. 흔히 들을 수 있는 이야기다. 더 안타까운 일은 2030년이 되면 지금 대졸생의 절반이 응시하는 공무원이 하는 업무의 대부분도 인공지능 로봇이 대체하게 될 것이다.

세상이 이렇게 급변하고 있는데 허명뿐인 '대기업 취직'을 위해 취업준비에만 몰두하는 것이 과연 현명한 일이겠는가? 자기 내면의 고유성을 무시하고 학교 성적에 평생을 휘둘리며 시간을 허비하다 일자리도 얻지 못한 채 A구간에서 방황하며 살아갈 것인가? 입시와 취업을 준비하는 그 시간에 자기가 좋아하는 분야를 공부하고, 원하는 제품과 서비스, 콘텐츠를 스스로 만들어 내는 메이커로 자신을 성공시키는 것이 훨씬 의미가 있는 일이 아닐까?

2015년 10월에 출간된 정선주의 『학력파괴자들』(프롬북스)에 나오는 이야기다. 저자는 명문대생을 뽑아 일을 시켜 봐도 '별것 없다'는 사실을 깨달은 대기업들이 더 이상 학력을 우선적으로 보지 않는다는 어느 삼성 임원의 말을 인용하기도 했다. 의사는 "세 명이 개원할 동안 두 명이 폐업을 신청하는 양상"을 보이고 있고, "2014년까지 사법연수원 수료생의 취업률은 3년 연속 40퍼센트대로 떨어졌다"고 했다. 그런데도 여전히 의대와 로스쿨에 자녀를 입학시키려고 안달하니 기가 막힐 노릇이다. 2015년 10월 4일, 나는 블로그에 "기술의 발달로 잘나가던 직업의 중산층들이 몰락해 가는 속도가 가파르다. 대리기사를 하는 사람 중에는 의사나 한의사 출신이 적지 않다. 의사가 신용불량 직업 1위라는 이야기가 나온 지 꽤 오래됐으니 틀린 이야기는 아닐 것이다"라고 썼다.

『학력파괴자들』에서는 "곧 쓸모없어질 대학 졸업장을 위해 모든 시간과 노력을 바치는 대신 아이만의 개성과 잠재력을 반짝반짝 빛나게 할 학습전략을 세워야 한다. 학교를 탈출할 수 없다 해도 똑같은 능력을 갖고 졸업하게 만드는 붕어빵 제조 공장 같은 학교를 맹신해서는 안 된다. 그 안에서 일부 지식을 취하더라도 아이에게 필요한 공부를 스스로 선택할 기회를 줘야 한다. 부모 세대는 절대로 상상할 수 없는 새로운 시대가 도래하고 있다. 이 변화하는 환경에서는 아이의 고유성을 바탕으로 관심사를 마음껏 펼치게 할 맞춤 교육전략이 반드시 필요하다. 그 관심과 호기심을 키워 주는 교육환경이 로봇과 인공지능은 할 수 없는 당신 아이만의 온리원 분야를 찾도록 해 줄 것이다. 교육은 학교 책상에 앉아야만 이루어지는 것이 아니다. 정해진 트랩만 달리는 경주마가 아닌 무엇이든 할 수 있는 야생마처럼, 자유롭게 세상을 경험하도록 하는 진짜 교육으로 자녀의 역동적인 미래를 만들어 가야 한다"고 했다. 학교 교육만 그럴까? 민간의 교육 시스템도 개개인이 품고 있는 잠재력을 끌어내고, '천재성'을 발휘할 멍석을 깔아 주는 장이 되어야만 한다. 그 시발점이 '함께 읽기'가 될 것이다.

미래 세대를 위한
마중물 독서 운동

남녀노소를 불문하고 문해력이 부족하다는 얘기가 나돈다. 우리나라는 OECD가 실시한 실질 문맹률 조사에서 중장년층과 청년층의 문해력 차이가 조사 국가 중 가장 큰 것으로 드러났다. 문해력은 간단하게 말해 "글을 읽고 이해하는 능력"이다.

인문학자 김성우는 「문해력이란 무엇인가」(〈기획회의〉573호)에서 문해력에 조응하는 영단어 'literacy'를 『옥스포드 영어사전』은 크게 두 가지로 정의한다고 설명한다. "글을 읽을 수 있는 자질, 조건 또는 상태; 읽고 쓰는 능력. 또한 특정 공동체, 지역, 기간 등에 있어 읽고 쓰는 능력이 미치는 범위"와 "(대개 수식어를 동원한) 확장된 사용의 경우, 특수한 주제나 미디어를 '읽어 내는' 능력; 특정 영역의 역량이나 지식"이 그것이다.

그는 "문해력에 대한 여러 논의들은 우리 각자의 몸으로 수렴되어야 한다. 책을 몇 권 읽었는가, 어떤 시험에 합격했는가, 학력을 얼마나 쌓았는가 등은 문해력의 기준일 수 없다. 문해력은 우리의 몸이 세계와 어떻게 만나는가, 다른 몸과 동식물을, 대지와 바다를 어떻게 대하는가, 그 과정에서 우리 자신은 어떻게 변화하는가로 증명된다. 문해력은 숫자로 서류에 기록되는 것이 아니라 몸을 통해 마음과 세계에 새겨진다. 문해력은 결국 '실천하는 몸의 운동'으로, 명사가 아닌 동사로 이해되어야 한다"고 결론 내린다.

문해력은 어려서부터 책을 읽으면서 키워진다. 특히 그림에서 글로 넘어가는 시기가 중요하다. 미래의 학교에서는 '티칭teaching'이 사라지고 스스로 학습하는 '러닝learning'이 대세가 될 것이라고 보았다. 교사의 역할은 인공지능을 활용해 자발적인 러닝을 하는 학생을 도와주는 '코치', 혹은 '프로듀서'로 바뀔 것이라고 말이다. 따라서 학교 교육은 평생 써먹을 지식을 가르치는 것이 아니라 평생 학습하는 방법을 알려 주어, 아이들로 하여금 급변하는 세계에 적응할 수 있도록 만들어 주는 방식으로 변해야 한다.

방대한 정보에 언제 어디서든 자유롭게 접근할 수 있는 유비쿼터스 세상을 사는 호모스마트쿠스의 고민은 무엇일까? 스마트폰이라는 '화수분'만 마련하면 무릉도원을 거니는 듯 즐길 수 있는 세상이다. 그러나 도끼날이 아무리 날카롭다 한들 도낏자루가 썩지 않는 것은 아니다. 자신만의 도낏자루는 스스로 마련해야 한다. 작금의 도낏자루는 지식(정보)을 얼마나 많이 아는가가 아니라 지식(정보)을 연결해서 자신만의 이야기로 어떻게 만드는가이다. 정답이 없는 질문을 무수하게 던질 수 있는 능력 말이다. 지식의 '습득'보다는 지식의 '편집'을 통한 '활용'이 더욱 중요해진 세상이다. 이런 능력을 키우는 최상의 방법은 책을 함께 읽는 것이다.

'정보화 사회'라는 말을 만들어 낸 우메사오 다다오는 정보가 하늘에 떠 있는 별과 같다고 말했다. 요즘 대도시에 사는 사람들이 별을 보는 일이 있기나 한가. 휴가차 떠난 시골에서 옆에 앉은 애인에게 "이 별은 나의 별, 저 별은 너의 별" 하며 가만히 있는 별을 일부러 끄집어내어 일일이 의미를 부여해야만 비로소 가치가 발생한다. 우리는 평상시 폭발적으로 증가하는 디지털 정보의 존재를 일일이 알지 못한다. 누군가 우연히 알게 된 정보에 의미를 부여해야 가치가 발생하는 것과 같은 이치다. 지금 객관적 지식보다 필요한 것은 '주관적 맥락 잡기'다. 객관적 지식은 검색으로 즉각 확인할 수 있지만, 주관적으로 맥락을 잡는 능력은 어려서부터 체득해야만 하며 이는 독서를 통해서만 키울 수 있다.

나는 중고등학생들에게 강연할 때 "여러분, 책을 함께 읽으면 무엇이 좋아요?"라고 질문하곤 한다. 그러면 "사람마다 생각이 다른 걸 알게 돼요!"라고 대답하는 학생이 있다. 하나의 답을 강요받는 학생들이 느끼는 생각의 차이, 이것이 바로 상상력이다. 상상력은 무에서 유를 만드는 것이 아니다. 드라마에서 주인공과 악당의 차이까지는 아니더라도 등장인물의 사소한 차이에서조차 우리는 많은 상상을 한다. 그래서 학생들이 같은 책을 함께 읽고 토론하는 일이 무엇보다 중요하다고 생각한다. 인공지능과 경쟁해야 하는 인간은 문제 해결을 위해 이견을 듣고 협력하는 힘을 키워야 한다. 그런 과정에서 평생을 살아가는 데 도움이 되는 지혜를 얻을 수 있다.

상상력은 타인의 생각을 추론해 낼 수 있는 사회적 지능이기도 하며, 정보를 연결해 새로운 지식을 만들어 내는 편집력이 되기도 한다. 이미 학교 현장에서는 경쟁이 아니라 협력해서 과제를 해결하는 능력을 키워 주는 교육을 중시하고 있다. 이렇게 인간은 새로운 기술에 종속되는 것이 아니라 그 기술을 활용해 자신을 한 단계 업그레이드시킨다. 그리고 이런 흐름은 인류 5000년의 역사에서 한 번도 바뀌지 않았다.

읽기와 쓰기는 같이 흘러간다. 잘 쓰려면 잘 읽어야 한다. 읽기 능력을 키우려면 완성된 글을 읽고 생각을 가다듬는 훈련을 해야 한다. 그 훈련은 학습이 아닌 놀이가 되어야 한다. 지금 학생들은 엄청나게 읽고 쓴다. 그들이 소셜미디어에 올리는 글만 해도 어마어마하다. 다만 그들이 읽고 쓰는 글은 주로 단문이다. 소셜미디어에는 잘게 쪼개진 파트워크형 정보가 넘친다. 검색해서 정답을 즉각 찾아내는 일만 반복하면 통합적 사고가 어려운 인간이 되고 만다. 사유할 수 없는 아이들에게 미래가 있을까? 그러니 학생들은 완성된 글을 함께 읽고 서로의 생각을 나누는 훈련을 할 필요가 있다.

나는 그것을 '마중물 독서'라고 불렀다.

새로운 기술이 등장하면 새로운 욕구와 가치가 창출되기 마련이다. 그러니 기술을 지나치게 두려워할 필요는 없다. 문제는 정보의 양이 폭발적으로 증가한다는 사실이다. 혹자는 2030년이 되면 정보의 양이 3일 만에 두 배씩 늘어날 거라고 했다. 하지만 이미 세 시간 만에 두 배씩 늘어나는 것만 같다. 그렇게 늘어난 정보를 활용해 장사를 하려는 대형 플랫폼도 생겨났다. 구글이 2000년에 시작한 '구글북스(구글프린트)'가 대표적이다.

'구글프린트'는 세계 주요 대학도서관 및 공립 중앙도서관과 협약을 맺은 뒤 지금까지 인류가 생산한 모든 종이책을 디지털화하는 작업을 추진하고 있다. 도서관 운영자들은 고대 알렉산드리아 도서관 시절부터 "전 세계 책을 한 장소에 모은 거대 도서관"을 꿈꿔 왔다. 그 꿈을 실현하는 것이 바로 '구글프린트'라 할 수 있다. 구글의 목적은 인류가 생산한 모든 정보를 한자리에서 읽을 수 있게 만들려는 것이다. 인간복제까지 꿈꾸는 마당에 방대한 자금과 기술력을 가진 구글이 이것을 만들어 내지 못할 이유는 없다.

구글의 강력한 경쟁자인 아마존 킨들의 기획자로 참여한 제이슨 머코스키가 『무엇으로 읽을 것인가』(흐름출판)에서 밝힌 것처럼 아마존의 꿈은 모든 책을 하나로 연결한 '한 권의 책'이다. 인류가 생산한 모든 책을 하나로 연결한 이 책은 본문과 주석과 비평과 댓글마저도 연결된다. 게다가 다른 모든 문화와도 연결된다. 이미지와 비디오, 오디오, 게임과 소셜네트워크 대화까지 모두 포함한다. 독자는 거대하고 방대한 이 책에 자유롭게 접근할 수 있다. '한 권의 책'의 비즈니스 모델은 '유틸리티 모델'이다. 전기나 물, 가스처럼 누구나 자유롭게 이용하면서 쓴 만큼 사용료를 내면 그만이다.

구글과 아마존의 꿈은 단순해 보인다. 모든 인간이 스마트폰, 스마트 패드, 스마트 TV 등의 스마트 기기를 활용한 '전문 검색'을 통해 인류가 생산한 모든 지식에 자유롭게 접근할 수 있게 만들겠다는 것이다. 이제 우리는 그것이 헛된 꿈이 아님을 안다. '전문 검색'이라는 수단만으로 인류가 날마다 생산하는 방대한 양의 정보에 빛의 속도로 접근할 수 있다.

현재 자라나는 세대는 스마트 기기로 모든 것을 쉽게 해결한다. 포털과 휴대전화를 동시에 소비하던 과도기 세대를 넘어 컴퓨터조차 켜는 일 없이 스마트폰만으로 모든 것과 연결해서 즐기는 세대이다. 이에 발맞춰 검색의 질도 진화하고 있다. 검색을 통해 유동하는 텍스트를 읽는 것은 독서가 아니라는 지적이 없지 않지만, 이 세대는 무엇이든 게걸스럽게 읽는다. 이것만 보면 '읽기의 범람'이라고 보아도 될 정도다.

전문 검색을 활용한 읽기가 진정한 읽기가 아니라는 비판은 일면 타당해 보인다. 검색을 통해 패스트푸드처럼 곧장 튀어나오는 답변을 원하는 이들은 아무리 텍스트를 많이 읽어도 제대로 된 사유가 불가능하다는 비판도 있다. 인간은 자신이 원하는 답이 없으면 오랜 시간과 정성을 쏟아 새로운 답을 구해 왔다. 그리고 그것은 새로운 책이 되었다. 과연 검색으로 즉각 답변을 찾고자 하는 이들이 책을 찾을까? 그리고 그들이 좋은 책을 만들어 낼 수 있을까? 그러니 인간의 진정한 사유가 사라질지 모른다는 우려는 설득력이 있다.

독서 운동가 김은하는 한 콘퍼런스에서 "청소년 대상의 독서 지도와 독서 대회가 비독자(전혀 읽지 않는 독자)와 간헐적 독자(한 달에 몇 번 읽거나, 몇 달에 한 번 읽는 독자)를 더욱 소외시키는 방향으로 이루어졌다"는 사실을 알고 크게 놀랐다고 말했다. 청소년 중에는 교과서 이외에 책을 한 달에 한 권도 읽지 않는 독자가 절반쯤 된다. 습관적 독자(한 달에 7권 이상 읽는 독자) 또한 제대로 된 독서를 했다고 장담할 수 없다. 그러니 이들에게 책을 읽는 방법을 새롭게 가르쳐야 한다. 이제 교양 독서의 중요성을 부르짖는 수준으로는 안 된다. 독서 운동이 커다란 전환점을 맞이한 시점에 나는 '마중물 독서' 운동을 벌였다.

독서 운동가 백화현은 "'마중물 독서'란 샘의 깊은 물을 끌어올리기 위해 펌프에 붓는 한 바가지의 마중물처럼, 인간에게 내재되어 있는 독서 의욕과 독서 능력을 일깨우기 위한 일련의 가벼운 독서 활동을 통칭하는 말"이라고 했다. "강물이나 우물물을 떠 마시기란 그리 어려운 일이 아니다. 그러나 눈에 보이지 않는 땅속 깊은 샘물을 마시려면 그 물을 끌어올리기 위해 펌프질을 해야 하고, 그 펌프

질을 하기 위해선 마중물 역할을 할 한 바가지의 물이 필요하다"고 했다. 이어 "마중물 독서를 통해 누구라도 독서의 재미를 알고 독서 습관을 들여 스스로 독서 펌프질을 하도록 돕는 일, 이를 통해 독서의 빈익빈 부익부 현상을 완화하여 배움의 평등을 이뤄 나가는 일, 우리가 마중물 독서에 관심을 쏟고 이를 활발히 펼쳐야 할 이유이자 목표"라고 했다.

나는 '마중물 독서'를 긴 글 읽기를 힘들어하는 아이들을 위해 완성된 짧은 글을 함께 읽고 토론을 통해 자신의 생각을 말하게 하는 운동이라고 보았다. 그래서 학교도서관저널과 이 뜻에 동참한 미디어창비가 각각 '마중물 독서' 시리즈와 '책 읽기 마중물' 시리즈를 펴내기 시작했다. 2017년 10월 말, 함께 마중물 독서 운동을 벌이던 친구가 갑자기 세상을 뜬 이후 나는 사실상 운동을 접었다. 그래서 아쉬움이 컸지만, 김동식 작가의 소설이 마중물 독서의 텍스트로 활용되고 있다는 사실을 알고 내심 안도했다. 이후 마중물 독서라 이름 붙이지 않아도 아이들이 빠져들 만한 책이 등장해 인기를 끌었다.

대표적인 것이 앤디 그리피스의 '나무 집'(시공주니어) 시리즈다. 재미와 교양을 겸비하되 스릴과 서스펜스는 양념으로 가미했다. 교훈이 없지 않지만 그게 잔소리나 설교처럼 들리지 않는다. 한때 출판 시장을 휩쓸었던 '학습만화'처럼 학습을 강조하는 것도 아니다. '나무 집' 시리즈는 13층부터 시작해 26층, 39층 등을 거쳐 하늘에 닿겠다는 기세로 거듭되고 있다. 강경수 작가의 '코드네임'(시공사) 시리즈도 반가운 우리 책이다. 홍민정의 '고양이 해결사 깜냥'(창비) 시리즈는 또 어떤가! 나는 마중물 독서에 대한 담론을 〈기획회의〉와 〈학교도서관저널〉에 펼치고 발을 뺐지만, 여타 출판사에서 '마중물' 역할을 하는 청소년 도서들이 활발하게 기획되고 있어 참으로 반갑다.

시니어 출판과
'어른의시간'

'시니어 출판'이라고 하면 고령화 선진국 일본을 빼놓고 이야기할 수 없다. 일본은 자신들의 고령화 경험을 다른 나라에 돈 주고 팔 수도 있다고 자랑할 정도다. 일본은 2060년에 65세 이상 고령자 비율이 40퍼센트까지 치솟는 초고령화 시대가 될 것으로 예상한다. 우리라고 다르지 않다. '100세 시대'라는 말이 이제는 '120세 시대'로 바뀌기 시작했다. 세상이 이렇게 변하면서 노인 간병과 독거 노인 급증은 커다란 사회적 문제로 대두했다.

사람이 건강하게 오래 살면 좋은 일임이 틀림없다. 병에 걸려 일상생활을 할 수 없는 기간과 보살핌이 필요한 기간을 제외하고 건강하게 살 수 있는 '건강수명'과 평균수명의 차이는 적게 날수록 좋다. 그러나 평균수명과 건강수명의 차이가 크게 난다면 이것은 보통 심각한 문제가 아니다. 벌써 그 간극이 10년을 훌쩍 넘으니 심각한 사회적 문제라 할 수 있다. 죽는 방법도 문제다. 홀로 지내다 죽는 이른바 '고독사(무연사)'가 점점 늘어나고 있다.

일본은 2000년대 초반에 법적으로 정년을 60세에서 65세로 연장했는데, 다시 70세 정년을 추진하고 있다. 베이비붐 세대인 '단카이세대(1947~1949년생)'가 정년을 맞이할 무렵 노후 생활을 다룬 책들이 크게 인기를 끌었다. 시니어 출판은 1990년대 후반부터 활성화되기 시작해 21세기 벽두에는 출판 시장의 주류가 되면서 저자들의 나이마저 초고령화되었다.

2008년 무렵만 해도 청장년층에 대한 출판 담론은 없지 않았다. 그해 일본의 신조어 1위가 '아라포'였다. '어라운드 포티Around Forty'를 일본식으로 만든 조어로, 마흔 즈음의 여성이 출판 시장의 주요 타깃이었다. 서점의 잡지 코너에는 아라포를 타깃으로 한 여성지 삼총사 〈Precious〉(쇼가쿠칸), 〈Marisol〉(슈에이샤), 〈STORY〉(고분샤)가 중심에 놓여 있었다. 세 잡지는 '소중한 마리솔 이야기(Precious Marisol STORY)'라 불리기도 했다. 일과 결혼, 출산과 취미 등 인생의 선택지를 비교적 자유롭게 선택하는 아라포 세대는 일과 결혼이라는 양자택일에서 벗어난 최초의 세대였다.

전대미문의 삶의 방식을 보여 주는 '최첨단 세대'이자 새로운 삶의 방식에 맞서 버둥거리며 '고뇌하는 세대'로 여겨졌던 아라포를 마지막으로 젊은 여성에 대한 담론은 사실상 사라졌다. 이후 아라

포 세대 대신 출판 시장에서 주요한 용어로 등장한 것이 '아라한'이다. '어라운드 헌드레드Around Hundred'를 뜻하는 조어의 시발점이 된 책은 2015년에 출간된 시노다 도코의 『一〇三歳になってわかったこと(103세가 돼서 알게 된 것)』이다. 이 책은 1913년에 태어난 노인이 때로는 다정하게, 때로는 엄하게 인생을 살아가는 법과 즐기는 법을 알려 준다. 영국 대영박물관과 미국 메트로폴리탄 미술관에서 그의 작품을 소장하고 있을 만큼 유명한 수묵 추상화가라는 명성도 작용했다. 혼자 살며 자유롭고 독립적인 삶을 추구했던 그녀는 100세가 넘어서도 전시회를 열며 왕성한 활동을 펼쳤다. 다음은 이 책의 홍보 문구다.

어제보다 더 기력이 떨어졌다. 하지만, 인간의 성숙은 점점 쇠약해져 가는 지점에 있는 것일지도 모른다. 나이가 들면 나이가 드는 대로, 그리 나쁜 것만은 아니다. '만족'이라 할 만큼은 아니지만 그리 나쁜 것도 아니다. 기분이 좋아졌다가 나빠졌다가, 정말이지 노인은 이치에 맞지 않는 존재다. 지금 내가 그렇다. 젊다고 해서 추어올릴 필요는 없다. 겸허하지 않다면 상대하지 않는다.

인간이 생각하는 거라면 99%는 안다고 자신했는데, 아직 반 정도밖에 모르는 것 같다. 죽어 버리면 아무런 의미도 없다. 목숨 걸고 일을 하진 않는다. 나라면 할 수 있다고 생각했기에 자포자기하게 되는 거다. 이것이 '자만'이라는 것이다. 늙음을 한탄하지도 젊음을 부러워하지도 않는 초연한 태도. 삶과 죽음을 관조하는 담담한 시선. 저자의 삶의 신조와 자세로부터 고요하고 깊은 울림을 맛볼 수 있는 한 권의 책.

2017년에는 93세 작가 사토 아이코가 쓴 에세이『九十歳, 何がめでたい(90세, 뭐가 경사냐)』가 무라카미 하루키의 신작『기사단장 죽이기』를 제치고 베스트셀러 1위에 올랐다. 이 에세이는 1년 동안 잡지 〈여성 세븐〉에 연재한 글을 묶어 낸 것이다. 사소한 일상부터 사회적 문제까지 다양한 사건에 대한 생각을 꾸밈없이 말하고 있는 이 책은 2016년 8월 출간되어 150만 부 이상 팔렸는데, 도서를 구입한 독자의 평균 연령은 66세였다.

일본은 한때 153만 부 이상 발행했던 〈주간 아사히〉가 2023년 5월 말 창간 101년 만에 휴간(사실상 폐간)할 정도로 시사지의 몰락이 가속화되는 분위기였다. 이렇게 잡지의 매출이 급격하게 감소하는 상황에서도 돌풍을 일으킨 잡지는 코믹 잡지를 제외하고 발행 부수가 가장 많은 〈하루메쿠〉(하루메쿠)였다. 50대 이상의 여성이 주 타깃인 이 잡지는 건강, 요리, 패션, 경제, 유명인사 인터뷰 등 다양한 정보뿐만 아니라 연예 기사도 적극적으로 다룬다. 서점을 통해 유통하지 않고 정기구독으로만 운영하는 〈하루메쿠〉는 50여만 부를 발행할 정도로 인기를 끌고 있다.

2009년부터 어머님을 모시던 나는 2015년 무렵 절반쯤은 100세 노인이 된 느낌이었다. 당시 한국에서도 문화계 다방면으로 노인의 약진이 눈부셨다. 2014년 8월부터 방영돼 인기를 끈 KBS 드라마 〈가족끼리 왜 이래〉의 주인공은 3개월 시한부 인생을 사는 60세 노인이었다. 2015년 초에 인기를 끌었던 영화 〈님아, 그 강을 건너지 마오〉의 주인공은 98세와 89세 노부부였다. 1426만 명의 관객을 모은 영화 〈국제시장〉의 주인공 덕수(황정민 분)는 고희를 넘긴 노인이었다. 존엄한 죽음을 이야기하는 책이 종합 베스트셀러에 오르기도 했다. 아툴 가완디의 『어떻게 죽을 것인가』(부키)가 대표적이다. 어르신들의 자서전, 회고록 쓰기 강좌가 늘어났고 한 지방지는 '실버문학상'을 제정하기도 했다.

나는 고령화와 저출산, 사회 안전망 해체가 가져온 고독사 등의 문제는 점점 심각해지고 있어 노인 담론이 절실하다고 판단했고, 시니어 출판에 관한 시장도 성숙할 여건이 무르익었다고 보았다. 하여 한국 최초로 시니어 전문 브랜드인 '어른의시간'을 설립했다.

어른의시간은 첫 책으로 2015년 2월 초 히라야마 료의 『개호하는 아들의 시대』를 『아들이 부모를 간병한다는 것』이라는 제목으로 바꾸어 펴냈다. 이 책의 해설을 쓴 우에노 치즈코는 간병을 '블랙홀'에 비유했다. 이 책을 펴내며 간병이 초고령화 사회에서는 누구나 겪는 고통이라는 사실을 절감했다. 어른의시간은 이후 "한 인간의 죽는 순간을 보는 것이야말로 그 사람의 진정한 모습을 제대로 평가할 수 있다"고 말하는 김영수의 『태산보다 무거운 죽음 새털보다 가벼운 죽음』과 33인의 죽음과 애도의 이야기를 담은 『당신은 가고 나는 여기』 등을 연속해서 펴냈다.

나는 블로그에 어머님을 간병하는 과정에서 겪는 애환을 간간이 적었다. 그 내용을 편집자가 발췌해 펴낸 책이 『나는 어머니와 산다』이다. 우수문학도서로도 선정된 이 책의 출간 덕분에 2015년 11월 24일에는 KBS1 〈아침마당〉에 출연해 어머님과 함께 살아온 이야기를 들려주다 울고 말았다. tvN이 2016년 추석 무렵 창사 10주년 기념으로 방영한 다큐멘터리 4부작 〈판타스틱 패밀리〉에서는 노노老老간병의 사례로 소개되기도 했다. 각종 방송 프로그램에 출연 요청을 받으면서 한국 사회 역시 간병이 뜨거운 이슈라는 사실을 피부로 느낄 수 있었다.

나는 일본의 단카이세대와 한국 386세대를 비교하는 글을 여러 번 썼다. 386세대 출판인들은 1980년대에는 인문·사회 분야 서적을 펴내며 이념적 자양분을 제공했고, 1990년대에는 아동 출판과 청소년 출판의 입지를 개척했으며, 21세기에는 인문·사회과학 분야의 새로운 담론을 펼치는 한편 자기계발 시장을 한껏 키웠다. 우리 출판의 주역이었던 이들도 이제 시니어가 되었다. 한국 역시 시니어 출판이 성장할 여건이 무르익었음에도 불구하고, 생각만큼 활성화되지 않는 이유는 무엇일까?

나는 시니어 세대를 유혹할 만한 담론이 아직까지 제대로 생산되지 못했기 때문이라고 본다. 시니어 세대가 죽음만을 기다리고 있는 세대가 아니라는 발상의 전환이 필요하다. 일본의 작가 무레 요코가 '범람하는 노인의 섹스'를 주제로 쓴 글에는 이런 이야기가 나온다. "어느 날 서점에 가니 열심히 책을 읽고 있는 70대 초반의 남성이 있었다. 차림새는 말끔했는데 그저 책을 읽고 있다고는 할 수 없을 만큼 기백이 넘쳐흘러 내용에 몰두하고 있음이 역력했다. 『무사도』라든가 『삼국지』라도 읽고 있나 싶어 살짝 표지를 보니 『알몸의 미나코』였다. 연금생활 신세라 책을 살 수 없어 서점에서 서서 읽고 있는 것인지 책을 사서 집에 가져갈 수 없는 상황인 건지는 모르겠으나 보기 좋은 모습은 아니었다."

무레 요코는 일본의 시니어 남성 잡지에 「죽을 만큼 SEX-60세부터가 진짜 남자, 여자는 당신을 기다리고 있다」, 「60부터 다시 한 번」, 「중년 변태가 좋아!」, 「젊은 여자를 품자」, 「이탈리아와 프랑스에서는 예로부터 '죽을 때까지 섹스'가 당연지사」 등등의 제목이 넘치는 것을 비판하며 "성을 부추기는 것도 적당히 했으면 좋겠다"고 일갈했다. 예의상 '아내'라는 글자가 포함되어 있을 뿐 눈속임에 불과하다면서 말이다. 하지만 과연 그럴까? 우리는 이런 현상에서 시니어 세대의 진정한 욕망을 읽어야 한다. 단지 성생활을 이야기하자는 것이 아니다. 그들의 진정한 욕망은 무엇일까? 그들의 진정한 욕망은 청년 세대와 다를 바가 없다. 그들의 원초적 욕망을 제대로 읽고 그들의 갈증을 해소해 줄 수 있는 다양한 분야의 책들이 출간되어야만 한다.

2023년은 386세대의 상징인 '58년 개띠'가 65세가 된 해였다. 100만 명이 넘는 이들이 대부분 정년이 되어 은퇴했다. 우리나라의 65세 이상 노인 비중은 2019년 기준 전체 인구의 15퍼센트에 가까운 1000만 명에 육박했다. 2050년에는 65세 이상 인구가 39.8퍼센트까지 도달할 것이라는 전망도 나왔다. 이런 시대에 시니어 출판이 노화와 죽음, 그리고 건강 문제만 다루는 것이 적절할까? 노인층을 상대로 한 책은 앞으로 '안티에이징'이 아닌 '뷰티풀에이징'이나 '엔조이에이징'의 정보를 담아야 할 것이다. 액티브 시니어들의 이야기를 다양하게 제공할 수 있어야만 한다.

어른의시간 여섯 번째 책인 『은퇴하는 남편, 일을 찾는 아내』의 저자 고봉태는 '어떤 꿈으로 인생 2막을 살아갈 것인가?'와 '죽을 때 후회할 일은 무엇인가?'라는 질문의 답을 찾는 길이 은퇴 준비라고 말했다. 그는 "구체적인 방법과 방향은 자신의 가슴속에서 시작되고 자신의 꿈에서 출발해야 한다. 그리고 여행 준비물은 각자의 취향에 따라 준비해야 한다. 인생 2막은 자유여행과도 같다. 깃발을 들고 안내하던 가이드는 사라졌다. 가고 싶은 곳과 방향을 스스로 선택하고 결정해야 한다. 이제 자신의 꿈을 찾는 여행을 시작해야 할 때다. 지금 당장 은퇴 준비를 시작하라. 인생 2막의 꿈의 여행을 위한 시나리오를 쓰고, 은퇴 후 40~50년을 살아갈 준비물을 배낭에 담아라"라고 당부했다. 내가 바로 그래야 할 때가 아닌가 싶다.

3장

잡지와 출판의
미래를
생각하다

경포대의
너울성 파도

출판에 입문한 이후 42년간의 출판 인생은 크게 세 시기로 나뉜다. 1기는 20대 후반부터 30대까지, 15년간 창비에서 영업자로 일하며 열심히 책을 팔았다. IMF 외환위기 이후 허둥지둥하다가 허무하게 끝났다. 2기는 40대와 50대, 〈기획회의〉와 〈학교도서관저널〉을 열심히 펴냈다. 그야말로 잡지에 몰두한 인생이었다. 이 시기에는 출판평론가로 맹렬하게 활동했다. 60대에 접어든 2017년부터 3기인데, 인생의 많은 부분을 정리함과 동시에 문학출판에 도전한 시기이기도 하다.

1기에는 아는 것이 없어서 그야말로 '맨땅에 헤딩'을 했다. 고투를 하다가 1990년 『소설 동의보감』(창비)이라는 대형 베스트셀러 덕분에 몇 년은 취해서 정신없이 살았다. 1994년은 한 해에 베스트셀러가 네 종이나 터지는 바람에 기고만장하기도 했다. 그러나

IMF 외환위기를 맞이한 뒤 출판계나 내 인생이나 무척 힘들어졌다. 출판사는 팔리는 신간을 연속해서 펴내야만 안정적으로 굴러간다. 대한민국에서 손에 꼽는 문학 출판사조차도 그럴진대 작은 출판사들은 어땠을까?

가끔은 정신없이 살던 때가 후회된다. 하지만 그 시절이 있었기에 오늘의 내가 있을 수 있었다. 그 시절에 내게 영향을 준 사람들은 세 부류로 나뉜다. 첫 번째는 술자리에서 만난 작가들이었다. 주로 독재 권력을 비판하는 이야기를 하느라 밤이 새는 줄 몰랐다. 책을 많이 팔아 달라는 이야기는 들은 기억이 없다. 두 번째는 책 본연의 가치를 중시하는 이들이다. 출판사 내의 어른들과 자주 들르는 문사들, 그들이 계셨기에 나는 책에 대한 균형 감각을 유지할 수 있었다. 마지막으로 서점인들이다. 서점인들과 어울리면서 상업적 감각을 키울 수 있었다.

2기인 잡지 인생은 앞에서 충분히 이야기했다. 처음에는 한국출판마케팅연구소를 차려 마케팅 컨설팅을 하려고 했다. 맞춤한 직원도 구해 놓았는데 의뢰인의 대부분은 사정이 어려운 출판사 경영자들이었다. 책이 팔리지 않으면 한강으로 갈지 남산으로 갈지를 결정해야 한다는 자조 섞인 농담이 오갈 정도였다. 그러니 돈이 될 리 없었다. 규모가 있는 출판사와는 3개월간 그들이 처음 시도한 비소설 분야 책을 컨설팅했는데, 결과가 좋지 않자 한 달치 비용만 지급받고 말았다. 하여튼 2기에는 잡지를 발행하는 재미로 살았다. 엄청나게 많은 글을 써야만 했다. 글의 소재를 찾아다녔다. 책도 닥치는 대로 읽었다. 하지만 늘 한 달을 버티기가 힘들었다.

항간에는 잡지를 정기 구독하는 사람은 자살률이 낮다는 이야기도 들렸다. 정기적으로 배달되는 잡지가 주는 리듬감 때문이란다. 그렇다면 나처럼 잡지를 발행하는 사람은 어떨까? 뒤돌아서면 잡지의 마감이 있으니 더더욱 한눈팔 시간이 없었다. 2010년부터는 한 달에 세 권의 잡지를 펴내야만 했다. 〈학교도서관저널〉은 초창기 몇 달을 제외하고 내가 관여하는 바가 미미했지만, 원고를 청탁하느라고 정신없이 살았다. 제작비가 모자라니 강연을 하거나 외고를 쓰는 일로 바빴다. 그러니 나를 돌아보는 계기가 없었다. 천방지축 뛰어다니기만 했다.

한 사건이 벌어지지 않았다면 2기와 3기를 구분하는 일이 없었을 것이다. 2016년 9월 9일에 내 인생을 결정적으로 바꾼 사건이 벌어졌다. 강릉 독서대전 개막식 날이었다. 나는 책읽는사회문화재단의 안찬수 처장이 운전하는 차를 타고 강릉으로 가면서 친구인 김이구와 함께 마중물 독서 운동을 어떻게 펼칠 것인가에 대해 논의했다. 저마다 바쁜 사람들이니 짬을 내 모인 것인데 네 시간을 떠들어도 결론이 나지 않았다.

책 축제가 벌어지는 날에 하필이면 비가 내렸다. 개막식 행사는 마음에 들지 않았다. 책 읽기를 교양 쌓는 일 정도로 여기는 사람들이 연단에 올라 하는 말을 듣고 있자니 답답했다. 거슬리는 말을 하는 이도 있었다. 현장을 모르는 이들이었다. 게다가 하필이면 그곳에서 파주출판도시의 일에 오랜 시간 깊게 관여한 이를 만났다. 나는 그에게 내가 '종이무덤'이라고 무수히 비판한 '지혜의숲'을 빨리 치워야 하지 않겠느냐고 말했다. 하지만 그는 현 이사장이 독단적으로 벌인 일이고 자신은 처음부터 반대했다며 현 이사장의 임기 중에는 불가능하지 않겠느냐고 무책임한 대답만 늘어놨다. 나는 망연자실했다. 차라리 내 말에 달려들었다면 건전한 토론이라도 할 수 있었을 것이다.

나는 파주의 지혜의숲을 '권독사'라는 자원봉사자로 운영하는 바람에 일부 행정직 출신 도서관 운영자들에게 혼선을 준 것에 대해서도 비판했다. 내가 벌인 일은 아니지만, 출판계 일원으로서 매우 부끄러운 행위였다. 책을 벽지처럼 꽂아 두고 비전문가들이 지키고 서 있게 만들어 놓고 "100만 권의 장서를 갖춘 24시간 개방 열린도서관"이라고 선전한 것은 참으로 어처구니없는 일이었다.

독서대전 주최 측인 강릉시는 경포대 근처에 숙소를 잡아 주었다. 경포대로 가다 보니 강릉 시내에는 그이의 강연 현수막이 여러 장 걸려 있었다. 그날 저녁을 먹은 뒤 몇몇 후배와 숙소에 짐도 풀지 않고 술을 마셨다. 술에 취한 나는 어둠 속에서 혼자 바닷가를 서성거리다가 너울성 파도에 끌려 들어갔다. 그 와중에 발에 걸리는 것이 있었다. 천운이었다. 겨우 목숨을 건졌지만, 물에 빠진 생쥐 신세가 됐다. 휴대전화는 먹통이었다. 요단강에 발을 담갔다가 빠져

나온 셈이다. 그날 겨우 살아난 뒤에 미친 듯이 술을 마셨다. 깨어나보니 숙소였다. 옆 침대에서는 친구가 자고 있었다. 죽는 순간에는 살아온 날들이 주마등처럼 스쳐 지나간다는데, 나는 아무것도 떠오르지 않았다. 내가 할 일이 아직 남아서 하늘이 살려 놓은 것이 아닌가 싶었다.

그 일을 겪고 죽음이 어느 날 갑자기 올 수도 있다는 것을 깨달았다. 생사가 이리도 간결하다는 것을 절감했다. 그때 죽었다면 어땠을까? 내 인생은 편하게 정리됐을지도 모르겠다. 사람들은 요절한 사람에게 관대하지 않은가? 물론 나는 자연사에 가까운 나이였지만 아찔했다. 매달 25일은 급여와 제작비, 원고료 등 제반 비용을 지불하는 날이다. 그해 9월 25일에도 돈이 모자랐다. 게다가 가늠해 보니 빚도 많았다. 더군다나 지인들에게 빌린 돈도 적지 않았다.

그때 내가 죽었다면 직원들이 맞이했을 황망함에 대해 생각했다. 은행 부채도 많았지만, 문제는 빌렸다는 증거도 없는 적지 않은 사채였다. 나의 일을 적극적으로 후원하는 지인들은 내가 돈이 모자라면 아무 조건 없이 돈을 송금해 주곤 했다. 그들은 이자도 받지 않았다. 내가 요단강을 완전히 건넜다면 그들은 매우 곤혹스러웠을 것이다. 그래서 기필코 빚은 갚고 죽겠다는 결심을 했다.

그러기 위해서는 어느 날 갑자기 내가 사라져도 잘 굴러가는 회사를 만들어야 했다. 〈기획회의〉와 〈학교도서관저널〉만 펴내는 것으로는 빚을 갚을 만한 희망이 보이지 않았다. 그래서 단행본 사업을 키우기로 했다. 배운 것이 그것밖에 없으니 어쩌겠는가. 나는 '요다'와 '플로베르'라는 브랜드를 만들기로 했다. 요다는 서브컬처 전문 출판사 브랜드고 플로베르는 스낵컬처 전문 출판 브랜드다. 나는 곧 서브컬처가 대세가 될 것이라 여겼다. 전문성을 갖춘 가벼운 에세이의 시장성도 커질 것으로 예상했다. 그렇게 두 출판 브랜드를 양 날개로 수익이 나는 책을 만들겠다고 결심했다.

결심도 잠시, 출발하기 전에 커다란 난관부터 맞이했다. 2017년 1월 2일, 일원화 거래를 하던 도매상 송인서적이 부도를 냈다는 청천벽력 같은 소식이 들려왔다. 어렵다는 이야기는 듣고 있었지만 정말 친했기에 아무런 독촉도 하지 못했다. 얼마나 힘들었으면 부도를 냈을까 측은한 마음이 없지 않았지만, 그들이야말로 무책임했다. 100명이 넘는 직원이 직장과 퇴직금을 잃었고, 출판사와 서점 거래처에 많은 고통을 안겼다. 무엇보다 자신들의 인생을 생각했다면 힘들다는 사실을 미리 공개하고 대책을 세웠어야 했다. 나 하나 사라지면 그만이라는 생각이야말로 무책임한 일일 것이다.

부도가 터졌을 때 나는 『아빠, 행복해?』(어른의시간)의 공저자인 '은퇴자'들과 여행 중이었다. 매우 아팠지만 태연한 척했다. 보통 일이 아니었다. 1월 14일에는 동생마저 쓰러져 병원에 입원했다. 연초부터 두 방을 맞고 나니 아찔했다. 특단의 대책이 필요했다. 그래서 술을 끊었다. 몸부터 추스르지 않고는 이끌어 갈 수 없는 일이었다. 그때 다시 결심했다. 책임질 수 있는 만큼 열심히 살되 내가 언제 사라져도 괜찮을 정도로 준비를 하자고 말이다. 그래서 2017년부터는 새로운 삶을 살겠다는 자세로 일을 도모했다.

2017년 봄에는 출사표부터 썼다. 『우리는 모두 저자가 되어야 한다』(북바이북)는 일주일 만에 썼다. 블로그에 올려 둔 글이 많은 도움이 됐다. 이미 발표한 글을 추려 편집한 『하이콘텍스트 시대의 책과 인간』(북바이북)과 동시에 출간했다. 이에 더해 연초 직원들의 급여부터 올려 주리라 약속했다. 문학 출판사에서 15년이나 영업을 했으니 문학출판이 얼마나 어려운지 알고 있었다. 문학 출판 편집자는 24시간 일에 시달린다. 정시 퇴근을 하더라도 늘 책을 읽어야 하고 사람을 만나야 한다. 그러니 일에만 전념할 수 있는 합당한 대우를 해 주고 싶었다.

송인서적 부도의 파장으로 빚은 두 배 규모로 늘어났지만, 한번한 결심을 바꿀 수는 없었다. 3월에 직원들의 급여를 많이 올려 주니 직원들이 이러다가 회사가 망하면 어쩌냐며 부담을 느낀다고 할 정도였다. 하지만 내 마음은 편했다.

나는 늘 정말 하고 싶은 일은 하지 못했다며 자책해 왔다. 삶이 힘들다고 투덜거리기도 했다. 출판사 운영을 "판돈 떨어졌다고 가볍게 손 털고 나올 수 있는 게임"이라고 생각했다면 진즉 버리고 떠났을 것이다. 매 순간 온몸으로 살아온 삶이 아쉽지 않은 것은 아니었지만, 그럼에도 불구하고 누군가가 정말 열심히 맡아 주겠다면, 당장 미련 없이 모든 것을 내주고 떠나겠다고 장담해 왔다.

운이 좋았는지 요다에서 펴낸 사실상의 첫 책이 '김동식 소설집' 세 권이었다. 첫 책부터 잘 팔리기란 쉽지 않다. 요행이었을까, 아니면 하늘이 도왔을까? 덕분에 나는 이후부터 빚을 꺼 나가기 시작했다.

김동식 작가와의
첫 만남

'트윈플레임'은 하나의 영혼에서 분리된 쌍둥이처럼 처음 만나는 순간부터 서로를 알아보는 연인을 말한다. 『누구나 세 가지 사랑을 한다』(흐름출판)의 저자 케이트 로즈는 우리가 '편안한 사랑(소울메이트)', '중독된 사랑(카르마)', '성장하는 사랑(트윈플레임)'이라는 세 유형의 사랑을 하는데, "우리가 어떤 사람이고 진정 원하는 게 무엇인지 먼저 깨달아야 한다"고 했다.

출판사 발행인이나 편집자라면 응당 트윈플레임 같은 책을 만나는 것이 꿈일 테다. 인생에서 운명처럼 만나게 되는 책, 평생의 동반자가 되어 나를 살려 주는 책 말이다. 창비에 근무할 때는 『소설 동의보감』이 첫 트윈플레임이었다. 소설을 원작으로 한 드라마가 방영되기 직전에 10만 질(30만 권)의 중쇄를 발행해 놓으니 한 도매상에서 1만 질을 주문하기도 했다. 이 소설이 잘 팔리는 바람에 3년 만에 급여가 두 배로 뛰었고, 해마다 연말에 상여금도 듬뿍 받았다. 회사에서 14박 15일의 유럽 여행까지 보내 주어 출판에 대한 나의 장기 비전을 정립할 수도 있었다.

내 분신이나 마찬가지인 〈기획회의〉와 독서 운동을 하기 위해 창간한 〈학교도서관저널〉은 내 인생의 카르마가 아닐까! 출판사를 차리고 나서의 트윈플레임은 『회색 인간』, 『세상에서 가장 약한 요괴』, 『13일의 김남우』(이상 요다) 등 김동식 작가의 소설집일 것이다. 세 권의 소설을 출간한 과정을 간단하게 밝히면 다음과 같다.

내가 작가 김민섭의 이름을 알게 된 것은 그가 2015년에 쓴 『나는 지방대 시간강사다』(은행나무)를 읽고 나서다. 나는 이 책을 읽고 〈경향신문〉 2015년 11월 24일 자 「'흙수저'가 '금수저'를 이기는 확실한 방법」에서 그를 처음 언급했다.

"사람들은 교육이야말로 성공의 열쇠이며 능력주의의 핵심이라고 말한다. 우수한 교육을 받고 학업 성취도가 뛰어나면 높은 소득을 올릴 수 있는 좋은 직업을 가질 수 있고 그 덕분에 한 단계 높은 계층으로 올라서고 있다고 강력하게 믿는다. 이런 의미에서 교육은 능력적 요인이 될 수 있다."

『능력주의는 허구다』(스티븐 J 맥나미·로버트 K 밀러 주니어, 사이)의 저자들은 이런 능력주의가 통하지 않는 세상이 되었다고 말합니다. 개인의 능력보다 부모의 배경, 학교와 교육 시스템, 사회적 자본과 문화적 자본, 부의 상속, 특권의 세습, 차별적 특혜, 사회 구조적 변화 등 비능력적 요인이 능력을 이겨 버리는 세상에서는 '개천에서 용이 나는' 일은 결코 없을 것이라는 말이지요. 오히려 학교와 교육은 "불평등한 삶을 대물림하는 잔인한 매개체"일 뿐이라고 단언합니다.

나이 서른셋의 지방대 시간강사가 대학원에서 공부한 과정과 시간강사로서의 처참한 삶을 담담하게 정리한 『나는 지방대 시간강사다』는 그런 단언이 사실임을 확인시켜주고 있습니다. 이 책이 들려주는 대학의 현실은 암담합니다. "정년을 채운 교수들이 퇴임하면 기다렸다는 듯 그 자리를 지우고 비정년 트랙 강의 전담 교수를 채워 넣는다. 그리고 '해임'한다. 대학은 나름대로의 신자유주의적 생태계를 구축해 가고 있는 것이다. 학부생과 대학원생, 심지어는 졸업생의 값싼 노동력으로 행정의 최전선을 채운다. 4대 보험이나 퇴직금 명목조차 없는 4개월짜리 계약서를 받아든 시간강사들이, 2년짜리 비정년 트랙 교수들이 강의를 책임진다."

패스트푸드점에서 한 주에 60시간만 일해도 건강보험이 되는데 이 땅의 대학에서는 노동자에게 최소한의 안전망이라 할 수 있는 4대 보험조차 보장되지 않습니다. 이 책의 저자는 "지식을 만드는 공간이, 햄버거를 만드는 공간보다 사람을 위하지 못한다면, 참 슬픈 일"이라고 말합니다. 그는 교수의 책을 나르다 다쳤지만 모든 책임을 자신이 져야 했던 슬픈 고백을 털어놓고 있습니다. 그렇게 참고 일해도 정년이 보장되는 교수가 된다는 것은 하늘의 별을 따는 것보다 힘든 세상입니다. 이런 대학에 전망이 있을까요?

나는 그의 삶이 안타까웠다. 김민섭 작가를 내게 직접 소개한 사람은 출판평론가 김성신이었다. 당시 김민섭 작가는 대학에서 쫓겨나 생업으로 대리운전을 하고 있었다. 그때는 '어른의시간'을 론칭하려고 오피스텔에서 직원 한두 명과 따로 근무하고 있었다. 그가 대리운전을 하다 보면 밤에는 잘 곳이 없다고 해서 오피스텔에 기거하라고 했다. 그렇게 낮에는 사무실이었지만 저녁에는 김민섭 작가의 숙소가 되었다. 그는 그 공간에서 『대리사회』(와이즈베리)를 썼다. 나는 이 책을 읽은 뒤 〈경향신문〉 2016년 12월 5일 자에 「마리오네트 대통령과 대리사회」라는 제목의 칼럼을 썼다.

엄기호는 이런 점에서 "한국의 자본주의는 조폭을 꼭 닮았다"고 말합니다. 보통 조폭들이 칼부림을 할 때 맨 앞에 세우는 사람은 중학생입니다. 그 조직의 가장 하부, 아니 그 조직의 경계에 있는 존재에 불과한 중학생은 조직의 '안'으로 들어가기 위해 목숨을 걸기 때문입니다.

이렇게 "위와 아래가 아닌 안과 바깥으로 시민을 분할하여 통치하는 새로운 계급사회, 아니 신분제적 사회의 실체"를 제대로 보여

주는 곳이 비정규직 노동자들의 값싼 노동으로 행정과 강의의 최전선이 지탱되는 대학이 아닐까요? 『대리사회』의 저자 김민섭은 원래 한 '지방대학의 시간강사'였습니다. 그는 생계를 위해 한 달에 60시간씩 노동을 한 맥도날드에서는 법에 명시된 노동자의 권리를 모두 보장받았지만, 연봉 1000만 원 남짓한 시간강사로 일하면서는 4대 보험의 혜택을 전혀 받지 못했습니다.

그는 정규직 교수의 꿈을 안고 대학에서 조교와 시간강사를 하며 8년을 버텼지만 "지식을 만드는 공간이 햄버거를 만드는 공간보다 사람을 더 위하지 못하는 것은 슬픈 일이다"라는 선언이 담긴 『나는 지방대학 시간강사다』를 낸 다음 반강제적으로 대학 바깥으로 쫓겨났습니다. 그는 1년 3개월 일한 맥도날드에서는 퇴직금을 받았지만 8년을 일한 대학에서는 한 푼도 받지 못했습니다.

김민섭은 "온전한 나로 존재하지 못하고 타인의 욕망을 위해 보낸" 8년을 '유령의 시간'으로 규정했습니다. 『나는 지방대학 시간강사다』의 어느 장에 "어떠한 삶을 살아가게 되든 육체노동을 반드시 하겠다"고 썼던 그가 가족의 생계를 위해 처음으로 선택한 것은 대리운전이었습니다. 그는 타인의 운전석에서 모든 '행위'와 '말'과 '사유'가 통제당하는 경험을 했습니다. 액셀과 브레이크를 밟고 깜박이를 켜는 간단한 조작 외에는 마음대로 할 수 없었고, 손님(차주인)에게 먼저 말을 걸지 못했습니다. 주체적으로 행위하고 말할 수 없다는 것은, 사유하지 않게 된다는 의미와도 같았습니다.

그는 "한 개인의 주체성을 완벽하게 검열하고 통제"하는 타인의 운전석에서 신체뿐만 아니라 언어와 사유까지도 빼앗기는 경험을 하면서 우리 사회가 거대한 타인의 운전석이라는 깨달음을 얻었습니다. "모든 개인은 주체와 피주체의 자리를 오가면서 주체가 되기를 욕망하고, 타인에게 순응을 강요한다. 그런데 그것은 사회가 개인에게 보내는 욕망과 그대로 일치한다. 특히 국가는 순응하는 몸을 가진 국민을 만들어내려는 노력을 게을리하지 않는다. 그 어떤 비합리와 비상식과 마주하더라도 그에 대해 사유하지 않는 국민이 늘어나기를 바란다."

그는 "타인의 운전석보다 나은 노동의 현장이 얼마나 될까"라는 질문을 던집니다. 기업은 늘 다양한 방법으로 노동자의 주체성을 농락합니다. "인턴이라는 정체불명의 직함을 부여하고서는 무임금으로 사람을 부리고, 언제든 해고하고, 기본적인 사회적 안전망조차 보장하지 않아도 기업에는 잘못이 없다. 그에 더해 국가/정부는 기업을 위한 법안을 계속해서 만들어 나간다. 결국 노동자는 노동 현장의 주체가 아닌 대리로서 존재하게 되는 것이다."

최순실이 지시하면 마리오네트처럼 따르며 국민을 일회용품처럼 이용하던 박근혜 대통령에 대한 국민의 분노가 날로 치솟고 있습니다. 입만 열면 나오는 거짓말을 질타한 이들은 엄기호의 지적처럼 "스스로의 이름을 내걸고 자신들의 목소리"를 내는 '동료 시민'들이었습니다. "시대와 사회가 구제불능"이라며 "깡그리 망하

고 처음부터 다시 시작(리셋)하자"던 사람들이 평등한 민주주의를
구현하자고 함께 소리치고 있습니다.

"우리 사회의 욕망을 최전선에서 '대리'하는 대학"에서 쫓겨난
김민섭은 '대리인간'으로 사는 고단함을 길거리에서 체험했습니다.
한발 물러서서 자신의 공간을 타인의 눈으로 바라본 그는 주체로
거듭날 수 있었습니다. 그처럼 우리 사회에 균열을 내는 '송곳' 같
은 사람들이 늘어나야만 우리 사회의 불안과 절망을 떨쳐 낼 수 있
습니다.

나는 그에게 〈기획회의〉 지면을 내 주었다. 사람에게 중요한 것
은 '연결력'이다. 연결력을 키워야 미래가 있다. 나는 김민섭 작가에
게 소장 인문학자를 인터뷰하면서 사람들을 많이 사귀어 보라고
했다. 그렇게 탄생한 연재가 '김민섭이 만난 젊은 저술가들'이다. 그
무렵인 2017년 9월 30일부터 10월 9일까지는 추석 연휴였다. 격주
간으로 발행되는 〈기획회의〉는 두 호를 한꺼번에 마감해야 하는
바람에 편집자들이 밤늦게까지 특근을 했다. 사무실에 잠시 들렀
더니 편집자들은 김민섭 작가가 재미있는 작가를 소개했다고 전했
다. 나는 곧바로 교정지를 출력해 달라고 했다. 〈기획회의〉 449호
(2017년 10월 5일)에 실린 「이미 가장 새로운 시대의 작가-작가 김동
식」이었다.

김민섭 작가의 인터뷰는 "김동식은 글쓰기를 정식으로 배운 일

이 없는 작가다. 노동의 가치를 아는 노동자 출신의 젊은 작가, 나는 그가 한국을 대표하는 장르물 작가가 되는 것을 꿈꾼다. 독자들의 댓글로 글쓰기를 배우고 있다는 그는 어쩌면 이미 가장 새로운 시대의 작가인지도 모른다"로 끝난다. 그 인터뷰를 읽은 나는 300편이 넘는 소설 중에서 20편만 골라 보내 달라고 했다. 소설을 읽어 보고 나는 김민섭 작가에게 당장 '김동식 소설집'을 펴내자고 했다. 그 결정은 24시간도 걸리지 않았다.

나는 유일한 조건을 내걸었다. 한꺼번에 세 권을 펴내야 한다는 것이었다. 김민섭 작가는 무명 신인이라는 리스크가 있는데 세 권은 무리가 아니겠느냐고 했다. 나는 리스크가 커야 이익이 많은 법이라고 했다. 이어 인간 편, 요괴 편, 외계인 편 세 권으로 편집해 달라고 요청했다. 그렇게 '김동식 소설집'의 시작인 『회색 인간』, 『세상에서 가장 약한 요괴』, 『13일의 김남우』가 출간된 날짜는 2017년 12월 27일이었다. 첫 권의 제목을 '회색 인간'으로 정한 두 작가의 안목은 높이 살 필요가 있다.

연휴가 끝나고 출근을 하니 초판은 모두 완판되었다. 일주일 만에 4쇄에 돌입했다. 그것으로 김동식, 김민섭, 나, 세 사람의 운명은 완전히 바뀌었다. 다음 해 1월 12일 횡성의 어느 통나무집에서 두 사람과 김성신, 그리고 담당 편집자가 모여 조촐한 신년회를 했다. 그 자리에서 나는 자식뻘의 사람을 작가로 만들어 놓고 잠이 잘 오지 않으니 김동식 작가가 평생 작가로 잘 살아 갈 수 있는 방안에 대해 논의하자고 했다. 나는 창비에 다니면서 보았던, 등단은 했지만 빛을 보지 못하고 조용히 사라진 무수한 작가들을 떠올렸다. 하지만 김동식 작가는 김민섭 작가가 예언한 대로 "가장 새로운 시대의 작가"가 되어 여전히 맹렬하게 활동하고 있다.

이 시대의 작가는
플랫폼이 만든다

『회색 인간』의 김동식 작가는 웹 플랫폼이 탄생시킨 작가다. 그는 '오늘의유머' 공포·괴기물 커뮤니티에 처음 글을 올렸다. 10여 년 동안 주물공장과 집만 오간 김동식은 공장에서 벽만 보고 일하면서 많은 상상을 했다. 그렇게 상상한 것을 집에 돌아와 곧장 글로 올리곤 했다. 그게 유일한 즐거움이었다. 처음 올린 글은 반응이 별로였다. 그래서 '베스트 오브 베스트'에 오른 글들을 분석했다. 인기 있는 게시물에는 세 가지 특성이 있었다. 글이 짧고, 첫 문장에서 사건이 바로 시작되며, 남들이 생각하지 못하는 반전이 있다.

이 특성을 반영해 쓴 두 번째 작품 「푸르스마, 푸르스마나스」에는 엄청난 댓글이 달리며 베스트 게시물이 되었다. 용기를 얻은 김동식은 16개월 동안 300편의 작품을 발표하고도 멈춤이 없었다.

그는 이미 1000편의 소설을 썼다. 김동식은 기획자 김민섭의 눈에 띄어 세 권의 소설집을 동시에 펴냈다. 그가 세 권의 소설집을 내자 마자 '오늘의유머' 회원들은 구매인증 릴레이를 펼치며 초판을 거의 매진시켰다. 그리고 김동식은 2018년에 가장 '뜨거운' 작가가 되었다. 이후 그는 중고생에게 가장 인기가 있는 한국 작가로 활동하고 있다.

한국에 김동식이 있다면 일본에는 카나자와 노부아키가 있다. 카나자와 노부아키는 'E★에브리스타'라는 웹소설 투고·열람 플랫폼에서 『왕 게임』이라는 작품으로 뜬 스타 작가다. 웹소설에 대한 유일한 분석서, 이이다 이치시의 『웹소설의 충격』(요다)에는 『왕 게임』의 성공 요인이 잘 정리되어 있다. "전개 속도가 빠르지 않으면 독자는 금방 질려 하기 때문에 임팩트를 중시하여 사건을 연속적으로 발생시키고, 문장은 최대한 압축해서 썼다. 짧은 문장이더라도 독자의 기억에 남을 만한 메시지를 담은 단어를 선택했고, 뒷내용이 궁금해지도록 '히키引き(끌어당김, 뒤로 이어 가는 내용)'를 매회 만들어서 독자를 매료시켰다."

플랫폼을 통해서 작품을 알게 된 사람들이 서점과 편의점에서 종이 소설과 만화책을 구입했고, 반대로 종이책을 산 사람이 그 뒷내용을 알고 싶어서 인터넷 사이트에 접속하는 바람에 『왕 게임』은 마이니치신문사가 실시한 '학교 독서 조사'에서도 중고생이 읽은 책 베스트 5에 몇 년 동안 계속 진입했다. 『왕 게임』은 평상시에 책을 읽지 않는 10대 남녀들까지 가세해 열심히 읽어 주는 바람에 단행본과 문고판, 코믹스(만화책)를 합쳐서 690만 부 이상까지 성장했고, 영화로도 제작되었다.

김동식과 카나자와의 탄생 과정은 쌍둥이처럼 닮았다. 그들은 웹 플랫폼이 탄생시킨 새로운 유형의 작가 또는 인간형이다. 평생 글쓰기를 배워 본 일이 없는 김동식 작가는 네이버 검색을 통해 '소설 쓰는 법'을 배웠다. 김동식은 독자들이 자신의 글쓰기 스승이라고 이야기한다. 글을 올리면 독자들은 즉각 반응을 보였다. 맞춤법이나 개연성 등에 대해 이의를 제기하면 김동식은 정중하게 받아들였다. 김동식은 종이책은 거의 읽지 않았지만, 웹 콘텐츠는 무수하게 보았다. 유명한 만화, 영화, 드라마 등은 보지 않은 것을 고르는 편이 빠를 정도다.

카나자와 역시 『왕 게임』을 집필하기 전에는 거의 소설을 읽은 적도 없는 초보 작가였다. 작품을 인터넷에 업로드하기 시작하자 엄청난 반향이 있었고, '업로드하자마자 5분 만에 온다'는 독자의 감상과 의견을 밑바탕 삼아서 집필하는 작법을 익혔다고 한다. 그는 설정의 모순점에 대한 지적이 들어오면 연재를 거슬러 올라가며 수정했다. "소설 투고·열람 플랫폼이란 초보 작가가 수많은 독자에게 지적받으면서 편집자가 없더라도 작가로서 단련될 수 있는 자리인 셈"이다.

플랫폼이 작가를 탄생시키는 산실이라는 말이 나온다. 일본의

'E★에브리스타'는 일간 순방문자 수가 1000만 명이며, 매일 1만 명 이상의 사람이 작품을 투고하고 있다. 이에 버금가는 플랫폼인 '소설가가 되자'는 일간 순방문자 수 400만 명과 등록 작가 수 68만 명을 자랑한다. 이들 플랫폼에서 인기가 있는 작품은 종이책과 전자책으로 출간되고, 그 매출은 일본 소설 전체의 절반을 차지한다. 베스트셀러 목록에도 이들 소설이 절반 이상 올라 있다. 이에 반해 종이잡지에 연재한 소설들은 대형출판사들마저 출간을 기피한다.

한국은 웹소설의 등장이 일본보다 빨랐다. 'E★에브리스타'나 '소설가가 되자'에 비견되는 한국의 플랫폼은 '조아라'와 '문피아'다. 정확한 통계는 없지만, 이들 플랫폼에서 활동하며 연간 1억 원이 넘는 인세를 버는 베스트셀러 작가는 적어도 100명은 넘을 것이고, 10억 원을 넘는 작가도 10명은 넘을 것으로 추정된다. 그리고 쓰기 플랫폼은 계속해서 다양한 모습으로 확산되고 있다. 『웹소설의 충격』에서 이이다 이치시는 젊은 세대가 모두 웹소설을 즐기고 있는 현실을 감안하면 미래는 분명해지고 있다고 말한다. "가처분 소득이나 가처분 시간은 인터넷 콘텐츠나 라이브, 체험형 엔터테인먼트가 차지하게 될 것은 불문가지"라고.

이제 인간은 초연결사회를 살아가고 있다. 초연결사회의 모든 개인은 웹으로 연결되어 있다. 비단 출판뿐만 아니라 모든 영역에서 문화 상품의 생산 시스템이 바뀌고 있다. 김동식의 탄생 과정은 대세가 된 방탄소년단의 탄생 과정과도 닮았다. 김동식과 방탄은 직접 소설을 쓰거나 작사·작곡을 한다. 이들은 늘 사회비판적 메시지를 내놓는다. 무엇보다도 웹 플랫폼을 통한 독자나 팬과의 연결을 매우 중시한다. 이제 창작자들의 가장 강력한 무기 중 하나는 플랫폼이다. 어떠신가? 당신도 한번 나서 보지 않으시겠는가!

이상은 2018년 12월 〈인문360〉에 발표한 글이다. 글은 일부만 수정했다. 나는 요다라는 문학 브랜드를 만들면서 친정인 창비와 경쟁하기가 싫었다. 그런 말을 하면 창비의 사람들은 비웃을지 모른다. 나도 경쟁할 실력이 되지 않는다는 것을 모르지 않는다. 당시에도 3년 안에 본격 문학이라는 이름의 시장이 절반 이하로 줄어들고 서브컬처가 약진할 것으로 보았다. 나중에 창비의 한 간부에게 듣고 보니 창비 청소년의 작품들은 모두 SF나 판타지 계통이었다. 결과적으로 창비와 경쟁을 했던 셈이다. 물론 요다의 점유율은 극히 미미했지만 김동식이라는 작가를 확보함에 따라 말석이나마 한 자리를 확실하게 차지하는 성과를 이뤄 냈다.

그렇다면 나는 김동식 소설의 시장성을 어떻게 알아봤을까? 그것을 상세하게 설명할 자신은 없다. 다만 김동식 소설의 텍스트가 통할 수 있겠다는 확신은 있었다. 〈책이 있는 자리〉 2012년 3~4월호에 발표한 「텍스트는 어떻게 바뀌어야 하나?」를 읽어 보면 내가 그 당시에 어떤 생각을 하고 있었는지가 확인된다. 이 글 역시 일부를 인용하지 않고 전문을 그대로 싣는다.

오늘날 책을 안 읽는다고 말하는 젊은이들이 많다. 그들이 전통적인 종이책을 읽지 않는 경우가 늘어나고는 있지만 단 한순간도 방대한 양의 텍스트에서 멀어지는 것은 아니다. 그들은 스마트폰과 스마트패드(태블릿PC)로 '무엇'이든 계속해서 읽는다. 길거리를 걸으면서도 광고나 간판에서 눈을 뗄 수가 없다. 텔레비전이나 대형건물에 붙어 있는 영상 화면에서조차 읽어야 할 문자는 가득하다. 젊은이들뿐만 아니라 이제 모두가 무엇을 읽는지 인식하지 못한 채 대량의 '독서'를 일상화하고 있다. 독서의 '소외'가 아니라 독서의 '범람'이다.

오늘날의 독서는 인간의 처리능력을 넘어설 만큼 폭발적으로 늘어나는 대량의 텍스트를 검색이라는 수단을 동원해 읽는 '디지털 독서'가 대세이다. 그렇다고는 해도 책을 반복해 읽으며 숙독하는 전통적인 '교양독자의 독서'와 날마다 증가하는 대량의 텍스트를 바로 읽고 소비하고는 다시 떠올리지 않는 '대중 저널리즘의 독서'가 사라진 것은 아니다. 세 유형의 독서는 여전히 공존한다. 하지만 디지털 독서의 비중이 갈수록 커지고 있다. 이제 종이책을 즐겨 읽는 독자라 할지라도 디지털 독서의 비중이 80퍼센트를 넘어섰다고 보는 편이 옳을 것이다. 물론 그들은 단지 읽는 것만은 아니다. 텍스트를 읽다가도 바로 영화, 애니메이션, 드라마 등을 '보고', 컴퓨터 게임도 '즐긴다'. 한 공간에서 '일'과 '놀이'를 함께 한다.

나이가 어린 사람일수록 디지털 텍스트를 읽는 비중이 높다. 각종 인터넷 사이트에서 무료의 형태로 언젠가 읽혀지기를 조용히 기다리고 있는 다양한 디지털 텍스트의 검색을 활용해 자신에게 필요한 정보만을 골라 즉각 읽고 있다. 그렇게 읽히는 책은 주로 어떤 텍스트일까? 일본의 독자들은 전자책을 휴대전화로 구매해 읽는 비율이 압도적이다. 그렇게 구매한 전자책은 아직까지 만화, 휴대전화소설, 사진 등이 대부분을 차지한다. 휴대전화소설만 하더라도 2010년 10월 말을 기준으로 120만 종이나 된다. 일본의 서점에서 자유롭게 구입할 수 있는 종이책이 60만 종이니 이미 디지털로 가볍게 읽을 수 있는 텍스트의 비중이 대단함을 알 수 있다.

이런 소설을 쓰는 이는 누구인가? 이제 생산자와 소비자의 구별은 무의미하다. 스마트폰과 스마트패드를 이용해 무엇인가를 읽은 사람들이 바로 무엇인가를 쓰고 있다. 스마트폰으로 찍은 사진에다 글을 붙여 함께 올리는 것도 일상이다. 이렇게 개인은 스마트 시대의 기기와 서비스를 주도적으로 사용하며 자신의 일과 삶의 영역을 변화시켜 나가는 신인류인 '호모스마트쿠스'가 되었다. 언제 어디에서나 찍고 기록하고 읽은 다음, 그에 상응하는 글을 쓰는 유비쿼터스형 글쓰기와 읽기가 작동하고 있다.

"사람은 읽는 행위로 과거와 연결되고 쓰는 행위로 미래와 연결된다"는 경구에서 알 수 있는 것처럼 원래 읽는 행위와 쓰는 행위는 따로 놀던 것이 아니라, '읽기'와 '쓰기'는 유기적으로 연동된 순환적인 활동이었다. 근대 산업혁명과 국민교육의 제도화로 소수의 '쓰기'와 대량복제에 의한 다수의 '읽기'로 이어지는 일방적인 흐름이 형성되는 바람에 '읽기'와 '쓰기'가 한때 단절되었지만 소셜미디어의 일상화로 '읽기'와 '쓰기'의 연동은 재발견되었다.

이미 거의 모든 텍스트는 '본 디지털born-digital'로 생산된다. 일본의 출판기획자인 우에무라 야시오는 "흔히 '본 디지털' 하면 멀티미디어를 연상하지만 지금까지 '본 디지털'로 생산해 가장 성공한 사례가 휴대전화소설"이라고 말했다. 그는 "휴대전화소설은 '뺄셈'이다. 표현도 줄이고, 그림도 빼고, 글자 수도 줄여서 멋지게 '본 디지털'로 성공했다"고 보았다. 자판을 두드리기보다 엄지손가락으로 액정 화면을 누르며 글을 쓰다 보면 되도록 생략하고, 임팩트가 강한 단어를 선택하기 마련이다. 그래서 구어체가 범람한다. 지금 베스트셀러의 대부분은 생동감, 상황적응성, 주관적 표현이 갖는 친근감, 대면성 등을 장점으로 하는 구어체 문장이 대부분이다.

최근 책에 구어체 문장이 증가하는 것은 '디지털 독서'에 중독되어 가는 독자를 책으로 끌어들이기 위한 노력 중의 하나다. 인류 역사상 뉴미디어는 언제나 올드미디어의 단순한 변종variation으로 출발하지만 뉴미디어는 올드미디어에서 배우고 올드미디어는 뉴미디어에서 배워 왔다. 디지털 텍스트와 종이책 텍스트 또한 서로 영향을 주면서 나름의 특성을 강화시켜 나간다. 디지털 텍스트는 발신자의 화상 데이터나 음성 데이터와 연결되면 더욱 효과가 크지만, 종이책은 디지털 텍스트의 영향을 받아 스스로 변화하면서 나름의 강점을 키워 가고 있다. 이를 재매개화remediation라고 한다.

그렇다면 종이책의 텍스트는 어떻게 변해야 하나? 저자가 뼈를 깎는 고통으로 쓴 글을 편집자가 잘 다듬어야 하는 것은 시대가 바뀌었다 해도 결코 포기할 수 없는 미덕이다. 하지만 그것 이상이어야 한다. 디지털 텍스트에 중독된 독자를 끌어들이기 위해서는 보다 근원적인 텍스트의 질적 변화가 이뤄져야 한다. 20세기는 '방법론How'의 시대였다. 그러나 21세기에는 '무엇What'을 어떻게 연결해 제대로 말하는가가 중요하다. 정보는 다른 정보와의 관계 속에서 의미가 발생한다. 정보를 서로 비교하면 차이(변별)가 생긴다. '차이'가 무엇인지를 제대로 보여 주는 텍스트가 아니면 종이책은 살아남을 수 없다. 종이책은 그래픽 디자인에 힘입어 그런 능력이 더욱 강화된다.

이 글만으로는 설명이 부족하겠지만, 나는 디테일한 분석 없이도 김동식 작가를 띄울 자신이 있었다. 그는 전대미문의 작가다. 결코 평범하지 않은 삶을 살았다. 중학교 1학년 때 학교를 중퇴하고 여러 삶을 전전했다. 성수동의 공장에서는 뜨거운 아연 국물을 국자로 떠 금형틀에 부어야 했다. 그 일이 하도 지루해서 머리로는 많은 상상을 했다. 그리고 공장을 나와서는 바로 집으로 가서 상상했던 것을 소설로 썼다. 그의 손에는 스마트폰이 있었다. 나는 김동식 작가를 호모스마트쿠스의 한 전형이라고 보았다. 그래서 그를 발견하자마자 큰 반향을 일으킬 것이라 확신했다. 텍스트보다 콘텍스트가 확실했다. 그게 그가 등장하자마자 모든 언론이 대서특필한 이유다. 그 덕분에 요다는 이후 승승장구할 수 있었다.

평론의 토대에서
성장하는 장르문학

『영화식 만화 만들기』(북바이북)는 북바이북이 펴낸 오쓰카 에이지의 일곱 번째 작법서다. 이 책에는 '영화적 만화 창작을 위한 이론+실기 수업'이라는 부제가 달려 있다. 오쓰카 에이지의 만화 작법과 비평이 한데 어우러진 책으로 1부 '이론 편'은 일본 만화가 영화적 수법을 수용한 과정을 거칠게 스케치하듯 적었다. 2부는 '실천 편'으로 영화적 만화의 대표 사례로 꼽히는 『용신의 늪』을 다양한 각도에서 분석한다. 권말에 수록된 『용신의 늪』 시나리오를 그림 콘티로 만드는 과정을 통해 만화의 영화적 수법을 손쉽게 익힐 수 있다.

일본에서는 『영화식 만화 만들기』가 먼저 출간되었지만, 한국에서는 『세계만화학원』(북바이북)이 먼저 출간되었다. 두 책 모두 만화 연출법을 다루고 있는 데다 차례만 비교해 읽으면 내용과 용어

등 겹치는 부분이 많아서 책을 읽어 보지 않은 독자는 비슷한 책으로 오해할 수 있다. 하지만『영화식 만화 만들기』는 만화가 어떤 과정으로 영화처럼 변해 왔는지에 대한 이론적 내용이 풍부하게 담겨 있고,『세계만화학원』은 이론적 내용은 간단하게 담겨 있고 실기 위주로 구성되어 있다. 일본에서는 이론 편이 먼저 나오고 실천 편이 나와서 아무 문제가 없었지만, 한국에서는 출간 순서가 바뀌어 오해를 산 셈이다.

『영화식 만화 만들기』의 원제는『영화식 만화가 입문』(2010년 초판)이다. 이 책은 이론 중심의 '교과서'인 셈이고,『세계만화학원』은 직접적인 콘티의 첨삭 지도나 화면 연출을 하나하나 실제로 보여주는 실기 교재인 셈이다. 두 책은 서로 보완재라서 함께 읽으면 많은 도움이 될 것이다. 결론적으로 두 책은 완전히 대체할 수 없다는 이야기다. 게다가『세계만화학원』은 출간된 지 7년이 지났기 때문에『세계만화학원』이란 책의 존재를 모르는 신규 독자들에게는『영화식 만화 만들기』가 입문서로서 더 충실하게 다가갈 수 있을 것이다. 이 책을 먼저 읽고 다시『세계만화학원』을 읽는다면 세계 시장에서 통하는 만화에 대한 안목을 키울 수 있을 것이라 믿는다.

나는 2000년대 초반 〈편집회의〉라는 일본의 출판전문지에서『캐릭터 소설 쓰는 법』을 발견하고, 2005년 해당 책을 번역 출간했다. 한국에서는 오쓰카 에이지의 작법서 중『캐릭터 소설 쓰는 법』(북바이북)이 가장 먼저 소개된 셈이다. 하지만 초판이 소진되기도 전에 계약이 만료되는 바람에 이 책은 잠시 절판되었다.

2012년 오쓰카 에이지의 한국 에이전트인 만화평론가 선정우를 처음 만났다. 가라타니 고진 이후 최고의 평론가로 부상하던 아즈마 히로키의 『게임적 리얼리즘의 탄생』(현실문화)을 칼럼에 여러 번 인용한 적이 있었는데 선정우 평론가는 그걸 알고 나와 이야기를 나누기 위해 찾아왔다고 했다. 그는 아즈마 히로키의 『일반의지 2.0』(현실문화)도 곧 출간된다고 소개했다. 그게 인연이 되어 북바이북에서 오쓰카 에이지의 책을 다시 번역 출간하기 시작했다. 처음에는 『캐릭터 소설 쓰는 법』 개정증보판과 함께 『스토리 메이커』를 펴냈고, 이어서 『이야기 체조』, 『캐릭터 메이커』, 『이야기 명제』 등 그의 스토리텔링 강의 시리즈를 모두 펴냈다. 『만화로 배우는 이야기 학교』도 따로 펴냈으며 『세계만화학원』은 2015년 7월 저자의 방한에 맞춰 출간되었다.

지금은 국내에 서브컬처에 대한 작법서가 많이 나와 있지만, 한동안은 오스카 에이지의 작법서가 유일했다. 전문가의 도움을 받아 출간해서인지 오스카 에이지 작법서의 인기는 좋았다. 당시 장르문학에 대한 책들은 언론에서 거의 다루지 않지만, 대부분 5쇄 이상 발행했다. 특히 대학에서 교재로 사용하는 덕분에 신학기에 많이 팔렸다.

2014년 6월에 열린 한 콘퍼런스에서 미국 대형 엔터테인먼트 에이전시인 윌리엄모리스엔데버사(WME社)의 부사장인 트레이시

피셔는 "한국 문학 가운데 어떤 책을 찾느냐"는 내 질문에 "플롯이 단순해 한두 줄의 문장으로 내용을 간단하게 정리할 수 있는 소설"이라고 힘주어 말했다. 지적인 소설, 아이디어, 스토리텔링, 서양의 정서 등도 언급했지만 임팩트가 강한 주인공이 등장하는 매우 단순한 구조의 소설을 찾는다고 했다. 내가 오쓰카 에이지를 한국에 소개하게 된 것은 우연이었지만, 지금 한국의 드라마나 영화 등 스토리 상품이 세계에서 인기를 얻는 데에 어쩌면 조금이나마 일조하지 않았나, 하는 자부심을 느끼고 있다.

나는 2017년에 서브컬처 전문 출판 브랜드인 요다를 시작하면서 작법서, 이론서, 비평서부터 펴낼 생각이었다. 서브컬처의 세상이 오는데 한국에서는 그런 책을 찾아보기 어려웠다. 나는 주로 한국 작가의 책을 펴내고 싶었다. 하지만 작가들이 집필하려면 시간이 필요했다. 그래서 판타지 전문가인 전홍식 선생과 함께 『판타지 유니버스 창작 가이드』, 『판타지 유니버스 직업 소개소』, 『판타지 유니버스 창작 사전1: 이세계 판타지』, 『판타지 유니버스 창작 사전 2: 고대 중국과 중화풍 세계』 등이 나온 '판타지 유니버스' 시리즈부터 출간하기 시작했다.

요다의 발전 모델은 창비의 성장 모델에서 베꼈다. 창비는 백낙청, 염무웅, 최원식 등의 문학평론가 그룹이 이론을 선도하면서 좋은 작품을 찾아내 계간 〈창작과비평〉에 소개하는 한편 작품집도 펴냈다. '창비시선', '창비소설선', '창비신서' 등의 시리즈가 그렇다.

요다를 시작하면서 평론가 그룹부터 찾았다. 하지만 도저히 찾을 수 없었다. 2017년 말에 김동식 작가의 『회색 인간』 등을 펴내면서 졸지에 서브컬처 전문 출판사로 이름이 나기 시작했으니 서둘러야 했다. 요다는 보다 튼튼한 기초설계가 필요했다.

그 무렵 이융희 평론가를 알게 됐다. 그가 '텍스트릿' 홈페이지에 『회색 인간』에 대해 꽤 긴 글을 썼기 때문이다. 텍스트릿은 2018년 여름에 출범한 장르문학 전문 비평팀이었고, 이융희는 팀장이었다. 김민섭 작가가 그들을 안다고 해서 연결을 부탁했다. 그때 판타지, SF, 로맨스, 무협을 전공하는 평론가 네 사람이 나타났다. 그들은 모두 연구자이자 작가였다. 나는 그들에게 컬래버레이션을 제안했다. 좋다고 했다. 첫 시도는 〈기획회의〉 2018년 송년호인 478호에 '장르와 사회'란 제목의 특집을 꾸린 일이다.

이 특집은 "단순히 장르문학을 대중적 욕망의 지형도로 읽는 것이 아니라 동시대의 문제를 적극적으로 다루고 나아가 근미래에 도래할 한국문화의 문제적 지점을 짚는" 기획이었다. 특집은 만족스러웠다. 다시 이 특집을 확장해 책으로 펴내자고 했다. 특집에 실린 글들은 보완해 다시 쓰고 새로운 글을 추가하여 2019년 8월 『비주류 선언』(요다)을 출간했다.

이 책의 에필로그에는 "장르는 주류로 들어가고 싶어서 피해의식으로 가득한 집단이 아니고 독자적인 미학의 계보를 쌓아 가는 대상이란 의미의 '비주류 선언'. 동시에 장르의 목소리를 대변하여

'B급의 주류 선언'이기도 하고, 'Be주류 선언'이기도 하다"는 말이 나온다. 서브컬처가 우리 사회의 주류가 된다는 주장을 펼친 것이다. 제목의 '비주류'는 주류가 된다는 선언이었던 셈이다. 이 선언은 주류와 비주류, 순문학과 장르문학, 문단과 비문단의 경계를 해체하는 첫 번째 발걸음이 되었다. 이후 나는 이융희 평론가를 〈기획회의〉 편집위원으로 모셨다. 젊은 상상력이 필요했다.

그들과 회동한 날로부터 5년이 지난 2023년의 문학 시장은 서브컬처가 휩쓸고 있다. 한 문학 출판사 대표는 2017년 문학 시장에서 활동했던 작가들이 2022년에는 거의 사라진 것 같다고 말했다. 김동식 작가가 세상에 나타난 지 불과 5년 만에 천지개벽이 이뤄진 셈이었다. 2022년에 주류로 활동하는 작가들은 대부분 서브컬처 작가들이었다.

지금은 어린이나 청소년 대상의 소설들도 장르 일색이다. 수많은 작가가 사실상의 절필 선언을 하고 있지만 문학 시장은 여전히 도도하게 흐르고 있다. 세상의 판도가 완전히 바뀌었다. 바뀐 세상에서 나의 역할도 키우고 싶다. 물론 일은 모두 편집자들이 할 것이다. 하지만 물꼬는 내가 터야 한다. 이후 그 물이 순조롭게 흐르도록 돕기만 하면 된다. 이제 웹툰과 웹소설은 한국을 대표하는 문학 상품이자 주류가 되었다. 웹소설 시장은 1조 원 규모로 성장했다. 그러나 웹소설에 대한 대우는 어떤가! 이융희 평론가는 『웹소설을 가르치고 있습니다』(요다)에 이렇게 썼다.

아직까지 웹소설의 미학적 가치나 기능을 이야기하는 사람은 드뭅니다. 학계에서도 웹소설에 대한 연구와 관심은 지속되고 있지만, 한 걸음만 나가도 연구에 대한 폄하나 몰이해, '그래도 문학인데, 예술성이 없네' 같은 모욕에 쉽게 노출됩니다. 서브컬처라는 이름이 잘못된 것일지도 모릅니다. 대중을 어리석게 여기고, 계도하고 계몽해야 할 대상으로 여겼던 근대의 산물이 문화에 메인과 서브라는 계층 구분을 만들었지요. 그렇게 문화를 구분 지은 순간부터 서브는 아무리 인기를 얻어도 '서브 주제에 잘했다'는 평가 이상을 받기 힘들게 되었는지도 모릅니다.

그를 비롯한 텍스트릿 구성원들과 요다는 동반 성장을 했다. 요다는 창작집뿐만 아니라 이론서나 작법서도 꾸준히 펴냈다. 나는 요다가 언젠가 문학의 중심에서 맹활약하는 브랜드가 되는 꿈을 꿔 왔다. 그래서 젊은 비평가 그룹과 연대해 '요다 해시태그 장르비평선'이라는 시리즈도 기획해 출간하고 있다. 이미『#판타지 #게임 #역사』,『#SF #페미니즘 #그녀들의이야기』,『#MCU #슈퍼히어로 #토템과터부』등이 출간됐다. 이 시리즈는 독자뿐만 아니라 작가가 되려는 이들에게도 장르를 이해시키는 역할을 할 것이다. 아직 세 권밖에 출간되지 않았지만, 30여 권이 기획돼 있다. 장르비평계의 선두에 서 있는 이융희 평론가는『웹소설을 가르치고 있습니다』의 '닫는 글'에 다음과 같이 썼다.

제가 판타지를 처음 읽은 건 25년이 지난 과거의 일입니다. 저는 꾸준히 창작과 교육을 이어 나갈 예정입니다. 아직은 동시대의 작품을 함께 읽어 가며 현대의 독자들이 왜, 어떻게 웹소설을 좋아하는지 이해하고 소통할 수 있지만, 어느 순간 이러한 것들이 턱 하고 막힐 때가 오겠지요. 이 책은 그때를 대비해 지금 제가 어떤 방식으로 고민하는지 남겨 놓기 위한 족적인 셈입니다. 웹소설이라는 어둠에서 길을 잃고 헤맬 저를 위해, 그리고 비슷한 고민을 하는 이들을 위해 공유합니다. 부디 이 책이 하나의 이정표로서 여러분에게 다가가길 바랍니다.

25년! 내가 출판평론가로 활동하기 시작한 것이 1999년이니 올해를 합해야 겨우 25년이 된다. 그러니까 그는 이미 장르계의 원로일지도 모른다. 내가 그를 만난 것은 우연일까, 아니면 필연일까? 요다의 롤모델로 삼았던 창비는 여전히 평론가 그룹이 좋은 문학 작품을 골라 소개하면서 성장하고 있다. 나는 텍스트릿 그룹과 연대를 꾀했다. 그리고 그 중심에 이융희 평론가가 있다. 나는 그들이 좋은 작가들을 찾아내 줄 것이라 믿는다.

요다는 차무진 작가의『스토리 창작자를 위한 빌런 작법서』, 홍지운 작가의『시나리오 레시피』, 김동식 작가의『초단편 소설 쓰기』등 국내 작가의 작법서도 펴내기 시작했다. 이러한 책을 읽고 성장한 작가들이 요다의 문을 두드려 주기를 간절하게 기다리고 있다.

시니어들의 고민에 화답한
'백화만발'

그림책과는 별 인연이 없었다. 그렇지만 누구보다 그림책의 소중함을 안다. 〈북페뎀 6호: 그림책〉은 유난히 공을 들였다. 한 권을 만드는 데 제작비를 5000만 원 이상 투입했는데 판매는 저조했다. 하지만 그림책 작가나 편집자 들로부터 너무 많은 도움이 됐다는 이야기를 자주 들은 책이다. 출판사에 다닐 때인 1997년에 앞으로 3년 안에 그림책 시장이 크게 열릴 것이라는 보고서를 냈다가 별다른 반응을 얻지 못하기도 했다. 그러나 3년 뒤에 정말 그림책 시장이 불타오르기 시작했다. 그때는 내가 출판사를 떠난 뒤였지만 말이다.

그게 트라우마였을까? 〈학교도서관저널〉을 창간하고는 별책 단행본 '365시리즈'의 첫 책으로 『그림책 365』를 펴냈다. 이 책은 반응이 무척 좋았다. 이후 『그림책 365 vol.2』, 『토론 그림책 365』, 『지식 그림책 365』도 펴냈다. 이태숙 저자의『하루 한 권, 그림책 공감 수업』(이상 학교도서관저널)을 펴내면서는 직원들이 '그림책 학교' 시리즈를 시작했다. 이 시리즈는 그림책을 함께 읽으며 수업한 교사들의 경험담을 담은 것으로 벌써 13권이 출간됐다. 좋은 그림책을 큐레이션하고, 그림책을 수업에 활용했던 경험담을 알려 주는 셈이다.

이 책들의 반응 또한 무척 좋다. 좋은 반응에서 유추해 볼 수 있는 것은 학교 현장에서는 실질적으로 교과서 자유발행제가 작동하기 시작했다는 사실이다. 교사들은 그림책을 교과서로 활용하고 있다. 그림책뿐만이 아니라 일반 교양서도 활용하고 있겠지만 그림책을 활용하면 효과가 클 것이다. 그러니 그림책으로 마음을 열어 대화하고 그림책으로 세상을 만난 경험을 담은 책의 출간이 늘어나는 것이리라!

〈기획회의〉 250호(2009년 6월 20일)에 발표한「교과서 자유발행제는 실현될 것인가」에서는 "빛의 속도로 변화하는 지식사회에 제대로 적응"하기 위해서는 교과서 자유발행제가 도입되어야 한다고 주장했다. 그 글에서 "지금까지 출판 시장은 교육시스템에 의해 좌우돼 왔다. 한국의 출판 시장에 청소년 도서 시장이 없는 기형적 구조는 모두 교과서 제도에서 기인한 것이라 보아도 무방"하다는 점을 강조했다.

물론 아직도 우리 교육 현실은 암담하다. 국정이나 검인정 교과서에 담긴 지식을 암기시키기에 급급하다. 중고등학교는 대학교에 가기 위한 정거장에 불과하다. 노무현 정권 초창기의 교육부가 바람직한 교과서의 상을 "인류문화의 정수를 모아 놓은 표준지식"에서 "다양한 지적 호기심을 유발하고 더 깊은 지식습득의 길을 알려 주는 안내자"로 바꾸겠다는 정책을 입안하려는 의지를 보여 줬지만, 이후 정권들에서 교과서에 대한 생각이 역주행하는 바람에 교과서 자유발행제는 실행되지 못했다.

하지만 지금은 학교 현장에서 그림책으로 아이들과 소통하는 일이 무척 잦아졌다. "뜻이 있는 모든 출판사가 자유롭게 교과서를 대체할 수 있는 교양서를 발행하고 교사들은 그런 교양서를 자유롭게 골라 적절한 수업을 통해 어느 자리에서나 세상을 이겨 낼 역량을 갖춘 아이들로 키"우려는 노력이 많은 현장에서 이루어지고 있다. 특히 '코로나19'로 온라인수업을 해야 했을 때 그 노력이 빛을 발했다.

그림책은 아이들만 읽는 것일까? 아니다. 덕수초등학교에서 아이들에게 매일 하루 20분씩 그림책을 읽어 주는 이태숙 선생은 『인권 감수성을 기르는 그림책 수업』(학교도서관저널)에서 "우리가 가지고 있는 세대간 갈등은 단순하지 않다. '급식충(아동, 청소년)', '틀딱충(노인)', '맘충(엄마)'의 표현을 보면 사람이 아니라 '벌레'다. 이 혐오 표현의 골이 깊어지면서 대화할 수 없는 세대가 되는 것 같아 걱정이다. 세대 이해와 세대 화합이 이제는 절실하다. 가족이 혐오의 대상이 된다면 긍정적 미래 구상은 불가능하다"고 말했다.

그는 이 책에서 그림책으로 세대간 소통을 꾀한 사례를 알려 주고 있다. "할아버지나 할머니와 함께 살거나 가까이 사는 아이에게는 그림책 읽어 드리고 오는 과제를 냈다. 읽어 준 책으로 서로 대화를 나누며 즐거운 소통의 시간을 가져 보는 거다. 할머니 댁이 멀어 당장 과제를 할 수 없는 아이는 집에 가서 부모님이나 형제자매에게 책을 읽어 주고 대화 시간을 갖도록 했다. 부모님께 허락받고 전화로 책을 읽어 드리는 것도 방법이 될 수 있다"고 했다. 소통이되었을까? 그는 "나중에 소감을 발표하면 완전히 시끌벅적한 교실이 된다. 즐거움이 넘치는, 이런 활동을 자주 한다면 세대 불통은 조금 완화되지 않을까?"라며 큰 효과가 있었음을 알렸다.

백화만발에서 펴낸 '시니어 그림책' 시리즈의 1권인 『할머니의 정원』은 "몸이 불편한 독거노인의 이야기다. 경자 할머니는 남편이 세상을 떠나고 혼자 살게 된 뒤에 상실감을 느끼는데 발과 팔을 다쳐 신경이 날카로워졌다. 경자 할머니는 집안일을 돌보는 가사전문가 민희 씨를 만나 조금씩 힘을 얻고 정원을 가꾸며 예전의 할머니 모습으로 돌아온다"는 내용의 그림책이다. 이태숙 선생은 이 책을 초등학생 아이들과 함께 읽으면서 세대 이해, 세대 통합을 꾀했다.

백화만발의 '시니어 그림책' 시리즈는 5090세대를 겨냥해 만든 책들이다. 조지프 F. 코글린은 『노인을 위한 시장은 없다』(부키)에서 "무엇보다 중요한 점은 베이비붐 세대가 요구하는 상품이 노년의 삶에 생기를 불어넣고 즐거움을 선사해야 한다는 것이다. 살아오는 동안 매 시기마다 상품이 그렇게 순종해 왔듯이, 온통 베이지색이나 회색인 요양 시설 속 물건이나 '다 어르신에게 좋기' 때문에 제공하는 서비스로는 더 이상 성공하기 힘들다"고 했다.

저자가 이 책에서 지속적으로 강조하는 것은 '노령 담론'이다. 저자는 "급증하는 고령 시장에 투자할 만한 어떤 비전을 기업이 발견할 때, 사업자가 고령 소비자를 인정하고 이들 요구에 쫑긋 귀 기울여 더 나은 도구를 제공해 고령층이 주변 세계와 교감을 나눌 때, 담대한 지도자가 흔쾌히 고령의 밝은 미래를 담아 이야기를 새로 써 내려갈 때" 역사는 바로 오늘 시작한다고 주장했다.

이런 거창한 뜻을 갖고 '백화만발'이라는 출판 브랜드를 만든 것은 아니다. 물론 한반도의 주요 모순이자 기본 모순인 분단을 제외하고는, 저출생 고령화가 가장 심각한 문제라는 것을 잘 알고 있다. 저출생 문제에 엄청난 예산을 투입하고 있음에도 출생율은 더욱 낮아지고 있다. 고령화로 인한 문제도 적지 않다. 시니어 전문 출판 브랜드인 '어른의시간'은 이미 만들었지만, 아울러 '백화만발'을 설립했다. 하지만 백화만발의 실질적 기획자이자 설립자는 독서 운동가 백화현 선생이다.

그는 교사로 일하면서 20여 년 동안 학교도서관과 독서교육 운동을 앞장서 펼치던 이다. 백화현 선생은 2019년 초 불쑥 '4090 그림책 기획안'을 내밀며, 이 기획을 실행하고 싶다고 조언을 구했다.

그는 여러 출판사를 거론했다. 기분이 별로였다. 그래서 나와 같이 하자고 툭 내뱉었다. 우리는 그림책에 대한 전문가도 아니고 돈이 많은 부자도 아니었지만 독서 운동의 대의에는 늘 뜻이 맞았다. 나는 그가 다른 사람과 운동을 펼치게 둘 수 없었다. 한편으로는 그가 실망할까 걱정되기도 했다. 수익성을 보장할 수 없는 그 기획안을 들이대면 선뜻 나설 출판사가 없을 것 같았다.

'백화만발'은 이렇게 졸지에 만들었다. 이후 여러 달 동안 그림 작가와 글 작가를 섭외하고, 한 장짜리 기획안을 좀 더 현실성과 구체성을 갖춘 내용으로 수정 보완했다. '4090 그림책'은 '시니어 그림책'으로, 출판사 브랜드명은 '백화만발'로 확정되었다. '온갖 꽃들이 뒤늦게 활짝 피어남'이라는 뜻의 '백화만발百花晩發'은 인문학자 김경집 선생이 작명한 것으로, '온갖 꽃들이 흐드러지게 피어남'이라는 뜻의 '백화만발百花滿發'에서 한자 하나를 바꾼 것이다.

백화현 선생은 「시니어 그림책, 함께할 때 더욱 아름다운 꽃」(〈기획회의〉 506호, 2020년 2월 20일)이란 글에서 "어렸을 때 기초를 놓친 아이들이 학년이 올라갈수록 더욱 교실에서 외면당하는 것처럼, 어쩌면 그 이상으로, 책을 잘 못 읽는 시니어들은 나이가 들어갈수록 독서의 세계로부터 철저히 소외당할 수밖에 없는 것"을 그냥 두고 볼 수 없었다고 말했다. 그가 왜 이 시리즈를 기획하게 됐는지 직접 들어 보자.

책을 읽을 줄 아는 어른을 위한 책은 발길에 차일 만큼 어마어마한 양인 데 반해, 책을 잘 읽지 못하는 어른을 위한 책은 단 한 줌도 안 되었다. (중략) 어른의 삶과 이슈를 담고 있으면서도 분량이 적고, 쉽게 읽히면서도 진한 감동과 여운이 남는 아름다운 책, 이런 책은 눈에 잘 띄지 않았다. 글자는 또 어쩌자고 이토록 작고 많은지! 시니어들에 대한 배려가 너무 없었다. 아이들의 경우보다 훨씬 못했다. (중략) 특히 책 읽기를 어려워하는 시니어를 위한 배려가 전혀 없다. 그 많은 출판사가 있음에도 그렇다. 그들은 소외당하고 있었던 것이다. 가슴이 저려왔다. '우리는 말로만 평등을 외치고 있었구나' 하는 반성도 일었다. 출판계에서 시니어를 위한 책들을 활발히 펴내지 않는 것은 '시장성'이 없기 때문일 것이다. (중략)

어른 그림책! 2018년 10월 어느 날, 섬광처럼 번쩍 떠올랐다. 글자는 크고 글밥은 적으며 어른들의 삶과 이슈를 이야기 형태로 담은 책! 넘기는 페이지마다 따뜻하고 아름다운 그림이 가득하여 그림만으로도 위로와 감동을 얻을 수 있는 책! 술술 읽힐 만큼 쉬우면서도 오랜 여운과 긴 질문을 남길 수 있는 책! 이런 책이라면 책을 잘 읽지 못하는 어른에게도 권할 수 있을 것 같고 시장성도 나쁘지 않을 듯했다. 그러나 아직까지 이런 책을 전문적으로 내는 출판사는 그 예가 없는데, 누가 어떻게 이런 일을 해낸단 말인가!

'시니어 그림책' 세 권이 출간된 것은 2020년 1월이었다. 1권 『할머니의 정원』, 2권『엄마와 도자기』, 3권『선물』이 동시 출간되었다. 백화현 선생은 이 책의 출간과 함께 본격적인 '어르신 독서 운동'을 펼칠 계획이었다. 그러나 '코로나바이러스감염증-19'라는 직격탄을 맞고 '어르신'들을 한데 모을 수 없었다. 한 방송에서는 90대 노인이 이 그림책을 선물 받고 이런 책이 있었느냐면서 우리 이야기라서 너무 좋다고 말하기도 했다.

'시니어 그림책' 시리즈는 10권의 출간을 앞두고 있다. 시기를 잘못 만난 덕분에 출혈은 컸다. 하지만 나는 백화현 선생에게 100권이 출간될 때까지 무작정 기다리겠다고 말했다. 병든 어머님을 모시면서 어른의 고독과 마음의 공허함이 너무 크다는 사실을 절감했기 때문이다. 백화현 선생은 2019년 결성한 '어른그림책연구모임'의 회원들과 어른들이 좋아할 만한 그림책들을 찾아 읽으며 함께 공부하면서 본격적인 활동을 펼치기 위해 준비하고 있다.

2022년 9월에는 어른그림책연구모임에서 쓴 서평 36편을 추려 엮은『어른 그림책 여행』(백화만발)을 펴냈다. 개인의 내면을 들여다보고 깨우침을 얻을 수 있는 책, 추억과 향수를 불러일으키거나 관계·사회적 문제를 고민해 볼 수 있는 책 등으로 나눠 관련 서평을 실었다. 저자들은 "누구보다 많은 삶의 굴곡을 경험한 어른들이야말로 몇 장의 그림과 적은 글만으로도 세상의 모든 것을 보고 깊이 느낄 수 있다"고 외쳤다. 이제 그 외침에 우리 모두가 답해야 한다.

1000호를 향해 달려가는
〈기획회의〉

원래 꿈은 이랬다. 큰 장소를 빌려서 〈기획회의〉 500호 발간 기념 축하연을 연다. 축하연의 마지막에 발행인인 내가 나서서 인사말을 하면서 이제 〈기획회의〉는 대단원의 막을 내린다고 선언한다. 이런 꿈을 〈기획회의〉에 헌신했던 후배들에게 먼저 알렸다. 그들은 한사코 반대했다. 지금은 그럴 때가 아니라고 했다. 이런 소식이 알려지자 항의 전화를 하거나 찾아오는 이들이 있었다.

솔직히 20년 10개월 동안 한 호도 쉬지 않고 발행해 온 나는 지쳤다. 강연료나 원고료로 제작비를 해결하던 것도 하루 이틀이지 20년이 넘으니 할 만큼 했다는 생각이 들었다. 언젠가는 은퇴하고 회사를 직원들에게 넘기리라 계획했던 나는, 〈기획회의〉가 그들에게 짐이 될 테니 미리 정리해 주는 것이 좋을 것이라고 지레짐작했다.

그러나 독자들의 반응은 달랐다. 독자들은 〈기획회의〉에서 꾸준히 새로운 필자들에게 지면을 제공해 온 점을 가장 소중하게 생각했다. 그렇게 소개된 필자들이 책을 펴내고 게이트키퍼나 오피니언리더로 성장해 나가는 모습이 너무 좋았다는 것이다. 〈기획회의〉가 사라진다고 하니 꿈과 희망이 동시에 사라지는 느낌이라고 말하는 이들이 적지 않았다. 〈기획회의〉는 현장(필드)에 뛰는 이들이 생산해 낸 팩트를 가장 중요시했다.

〈기획회의〉에 밑줄을 그어 가며 출판을 공부했다는 이들은 직접 찾아와 종간을 만류하기도 했다. 솔직히 이런 반응이 나올지는 몰랐다. 그래서 〈기획회의〉를 계속 발간하기로 결정했다. 수렁에 다시 빠지는 느낌이지만 이런 반응을 받으니 지난 세월이 정말 행복했다는 감회에 젖어 들었다. 그리고 오늘의 내가 있게 만들어 준 출판인들이 너무 고맙다는 마음이 들었다. 그들은 내가 출판평론가로 살아갈 수 있도록 신간을 꾸준히 보내 주셨다. 많을 때는 한 달에 수천 권의 신간이 도착했다. 그런 책들을 읽지 않았다면 오늘의 나도, 〈기획회의〉도 없었을 것이다. 그리고 많은 출판인이 광고도 주셨다. 몇 출판사는 창간 이래 지금까지 꾸준히 '묻지 마 광고'를 주고 계시다.

〈기획회의〉 500호의 인트로 「〈기획회의〉는 1000호를 향해 다시 달려갈 것이다」는 이렇게 시작한다. 언젠가부터 레거시미디어는 모두 위기에 직면했다. 지상파 방송에서는 연 5조 원의 광고 시장이 1조 원으로 줄어들었다. 구독자가 급감한 신문도 광고 수주가 어려워졌다. 잡지는 더 심했다. 수많은 잡지가 사라졌다. 〈기획회의〉 500호가 나올 무렵 창간 50주년을 앞둔 〈샘터〉가 598호인 2019년 12월호를 끝으로 휴간한다는 소식이 들려왔다. 그 때문에 〈기획회의〉의 거취도 잠시 화제가 되었다. 〈샘터〉는 후원 기업이 나타나 속간했지만 〈기획회의〉는 후원자 없이도 결호 없이 꾸준히 출간됐다.

500호 당시에도 〈기획회의〉가 당장 폐간해야 할 정도로 어려운 것은 아니었다. 하지만 내 인생의 마지막에 독서모델학교 운영에 매진하려면 출판사는 직원들에게 맡겨야 했다. 그래서 경영에 부담을 줄 것 같은 짐을 미리 없애고 싶었다. 그래서 폐간을 잠시 생각했던 것인데 저항이 워낙 컸다. 어쩔 수 없이 1000호까지는 달려갈 것이라는 선언을 할 수밖에 없었다. 〈기획회의〉는 지면 광고가 없어도 굳건하게 설 수 있는 잡지로 만들어 갈 생각이다. 그러기 위해서는 완전히 탈각한 모습을 보여 주어야만 한다. 500호 이슈에서는 출판기획자이자 북디자이너 1세대인 정병규 선생에게 후학들이 '책의 인문학'의 필요성을 묻고 토론한 좌담 「이제는 책의 인문학을 이야기할 때다!」를 실었다. 이것은 〈기획회의〉의 미래를 탐구하는 장이기도 했다.

〈기획회의〉는 〈기획회의〉에만 갇혀 있지 않았다. 〈기획회의〉의 바깥과 어디든 소통하고 싶었다. 그래서 기회가 있을 때마다 별책 단행본을 꾸준히 펴냈다. 500호를 기념하는 별책은 세 권을 한꺼번에 펴냈다. 『한국 출판계 키워드 2010-2019』는 2010년대의 한국 사회를 출판계 키워드로 바라볼 수 있는 책이다. 류영호의 『출판 혁명』(이상 한국출판마케팅연구소)은 디지털 기술로 새로운 가능성을 열어 간 사례들을 정리한 책이다. 『2020 한국의 논점』(북바이북)은 격동이 예상되는 2020년을 다양한 앵글을 통해 예측해 보는 책이다. 기념식장에서 가볍지 않은 세 권의 별책과 500호를 함께 받아 본 이들은 이제 막 1000호까지의 반환점을 돈 〈기획회의〉에 많은 성원을 보내 주셨다.

〈기획회의〉 500호 광고 지면은 꽉 찼다. 고마웠다. 좌담의 한 참석자는 "우리 출판문화 역사에서 〈기획회의〉 500호 발행은 한마디로 기적"이라고 이야기하셨다. 1000호가 나올 때쯤 나는 이 세상에 없을 수도 있다. 그때도 누군가는 대단한 기적이라고 이야기할 것이다. 500호가 나올 당시 국내 모든 문화 영역에서 업계 전문지는 거의 사라졌다. 출판계만 유일하게 존재했다. 일본에서도 출판전문지는 2010년이 되기 전에 모두 사라졌다. 그러니 자부심을 가질 필요가 있다고 생각했다.

〈기획회의〉의 기념호를 낼 때마다 의미가 특별한 특집을 꾸리고 별책 단행본을 펴냈다. 200호 특집은 '키워드로 그려보는 한국문화의 지형도'이다. 별책 단행본 『21세기 한국인은 무슨 책을 읽었나』(한국출판마케팅연구소)는 21세기 초두의 베스트셀러 200권을 심층 분석하면서 분야별 흐름 또한 정리한 책이다. 특집도 나중에 내용을 보충해 단행본으로 펴냈다.

10주년 기념호의 특집은 '향후 10년 한국 사회의 논점'이다. 출판 영역의 울타리를 벗어나 정치, 경제, 사회, 환경, 교육, 중국, 북한, 인터넷, 문화 등 아홉 개의 영역을 선정해 10년 후 한국 사회에서 가장 중요하다고 판단되는 논점을 짚어 보았다. 창간 10주년 기념 별책 단행본은 『문화를 살리는 힘, 도서정가제』, 〈북페뎀 9호: 번역출판〉, 『함께 쓰는 출판마케팅』(이상 한국출판마케팅연구소) 등 세 권이었다.

300호 특집은 '한국의 저자 300인'이었다. 최근 5년간 1종 이상의 단행본 저서를 출간한 저자 중 현재까지의 성취와 향후 가능성을 종합적으로 고려하되 가능성에 주목하여 300인을 선정한 뒤 주목해야 할 의미를 다각도로 조명했다. 별책 단행본으로 펴낸 『교육: 미래를 위한 확실한 대안』, 『20대: 오늘, 한국 사회의 최전선』, 『중국: 소프트파워 전략으로 부활하는 큰 나라』(이상 한국출판마케팅연구소) 세 권은 주제별로 꼭 읽어야 할 책 30여 권을 소개하고 주제의 깊은 의미를 밝혔다.

창간 15주년 특집은 '출판생태계 사전'이다. 출판생태계는 책을 만들고 유통하고 독자에게 전달하는 과정을 자연 생태계에 비유한 말이다. 별책 단행본은 『한국의 출판기획자』로 10년 후의 출판, 출판사, 기획자의 미래를 가늠해 본 좌담과 주요 출판기획자 10의 인터뷰, 분야별 기획자의 면면 등을 살펴보았다. 또 수백 명의 출판기획자로부터 출판기획의 의미를 물어본 것을 토대로 출판기획자 인명사전도 꾸렸다.

400호 특집은 '출판과 빅데이터'이다. 특별좌담 「〈기획회의〉 400호의 의미와 한국 출판」도 꾸렸지만 400호를 기념하는 특별한 행사는 벌이지 않았고, 별책 단행본도 펴내지 않았다. 창간 20주년 기념호도 500호와 너무 가까워서 20주년을 기념하는 특집만 소략하게 꾸렸다.

〈기획회의〉의 관심사는 출판에만 머물지 않았다. 책을 매개로 하되 모든 분야로 확장하고자 했다. 책에서는 다루지 못할 분야가 없지 않은가! 기념호의 특집과 별책 단행본의 면면만 살펴보아도 세상의 모든 것에 빨대를 꽂고 다양한 관심에 부응하는 잡지를 만들고자 노력했다는 사실을 확인할 수 있을 것이다. 〈기획회의〉 초창기에는 한기호와 한미화 2인 잡지나 마찬가지였다. 두 사람이 이런 잡지를 만들기 위해서는 많은 이의 의견을 경청하지 않을 수 없었다. 그리고 많은 책을 읽어야만 했다.

〈기획회의〉는 외부 조력자들의 도움이 없었으면 출간될 수 없었다. '기획회의가 만난 사람'이라는 인터뷰 코너의 인터뷰어로 나서준 이는 20여 명이다. 그들은 이후 대부분 출판평론가가 되어 출판담론을 생산해 냈다. 〈기획회의〉를 거치지 않은 평론가는 찾아보기 어려울 정도다. 연재를 한 이도 많았다. 권두 에세이를 반년 혹은 1년씩 연재한 출판인들은 모두 출판계의 오피니언 리더가 되었다. 연재물을 모아 책을 낸 이들도 많다. 가장 많은 글을 쓴 사람은 발행인인 나다. 내가 20여 권의 책을 낼 수 있었던 것도 〈기획회의〉에 글을 썼기에 가능했다.

나는 500호의 인트로에서 1000호까지 멈춤 없이 진군할 것을 선언했다. 1000호의 발행일은 2040년 9월 20일이다. 그때 내가 살아 있다면 팔순 잔치를 한 다음일 것이다. 그때까지 내가 살아남지 못한다면 누군가가 나를 이어 대신 약속을 지켜 주어야 한다. 나는 그럴 수 있는 기반을 최대한 만들어 놓기 위해 500호를 발행한 이후에는 〈기획회의〉 편집위원들에게 전권을 넘겼다. 코로나19 팬데믹 시기에는 줌으로 벌어진 회의에도 참석하지 않았다. 그럼에도 4년 이상 〈기획회의〉는 멈추지 않고 발전을 계속해 왔다. 우리 사회는 젊은 상상력이 필요하다. 앞으로 〈기획회의〉는 젊은 편집자들과 편집위원들이 전적으로 맡아서 꾸려 갈 것이다. 나는 그저 우산을 들고 서서 폭우만 가려 줄 뿐, 젊은 상상력이 만드는 〈기획회의〉의 독자로 살 생각이다. 벌써 새로운 〈기획회의〉가 기다려진다.

열정으로 타 버린
평론 인생 20년

〈한겨레〉에 칼럼 '책과 시장'과 '출판 전망대'를 9년,
〈경향신문〉에 칼럼 '한기호의 다독다독'을 10년 동
안 연재했다. 이 밖에도 〈조선일보〉의 '책마을 이야
기', 〈문화일보〉의 '책으로 읽는 세상', 〈세계일보〉의 '책동네', 〈헤
럴드경제〉의 '책마을 통신', 〈국민일보〉의 '문화산책', 〈머니투데
이〉의 '책통', 〈대한매일〉의 '괴돌', 〈주간동아〉의 '한기호의 책동
네 이야기', 〈AM7〉의 '감동을 읽어주는 남자' 등 수많은 칼럼을 연
재했다. 나만큼 발표한 사람을 찾아내기는 쉽지 않을 것이다. 단발
성 시론이나 칼럼도 적지 않게 썼다. 모두 합하면 200자 원고지로
7000매쯤 된다. 〈기획회의〉에는 수십만 매의 글을 쓰지 않았을까
싶다.

　2018년 말, 〈경향신문〉의 담당자와 연재 중단을 합의하고는 결

산하는 의미에서 칼럼을 모두 모아 책으로 만들었다. 『한기호의 다독다독』(북바이북) 등의 책에 이미 수록한 글을 제외하고 나머지만 모아 『책으로 만나는 21세기』(한국출판마케팅연구소)를 냈다. 720쪽이나 되는 이 책에는 '출판평론가 한기호의 20년 칼럼 모음집'이라는 부제가 붙어 있다. 2019년 1월에 마침 환갑이 있기도 해서 조용히 출판평론가로 살아 온 20년을 정리해 보았다.

칼럼보다 많은 것은 기사에 실린 멘트였다. 큰 사건이 터지면 하루에도 수십 통의 전화가 왔다. 한 인기 아나운서가 대리 번역으로 곤욕을 치를 때에는 며칠 동안 전화가 끊이지 않는 바람에 입에서 단내가 날 지경이었다. 일본에서는 기사에 멘트가 실리면 소액이나마 돈을 보내 준다고 한다. 나는 일본처럼 돈을 받았으면 아마도 10층 빌딩은 지었을 것이라는 농담을 한 적도 있다. 우리 사회의 지식인은 늘 '의무'만 있지 '권리'는 없다. 돈을 갖고 따지면 바로 돈만 밝히는 사람으로 찍힌다. 그렇다고 매니저를 둘 수도 없다.

20년 동안 죽을 만큼 힘들게 글을 썼지만, 원고료는 형편없었다. 500쪽짜리 책 세 권을 읽고 신문 칼럼 한 편을 쓰면 책값의 두 배쯤 되는 원고료가 나온다. 엄청난 노동 착취다. 그걸 감수하지 않으면 글을 발표할 수 없다. 물론 나도 '노동 착취'를 해 가며 잡지를 펴낸 셈이니 아프다고 말할 수가 없었다. 이제 20년을 했으니 그만두자는 생각이 드는 것은 어쩔 수 없었다. '베스트셀러 30년'을 네이버에 연재할 때는 주간 연재가 3개, 격주간 연재가 3개였다. 막 오십 줄에 접어든 때에 한 주에 20여 권의 책을 읽어야 했다. 앉아서 읽고, 누워서 읽고, 엎드려서 읽고, 벽에 기대서 읽고, 허리가 아프면 서서 읽기도 했다. 이제는 나이가 드니 그런 고생을 할 수도 없다. 그때는 정말 힘들었는데 가끔은 그 시절이 그립다.

이런 삶은 자처했다고 볼 수 있다. 데이비드 브룩스는 2001년에 『보보스』(데이원)에서 "오늘날 지식인이 되고자 하는 젊은 학생은 권위 있는 문학 평론가들을 보지 않는다. 대신 지식인 스타 수십 명을 본다. 지적인 분야에서 성공을 거두고 자유로이 여러 분야를 누비며 TV 출연도 하고 개인 컨설팅 회사도 운영하고 신문 기고도 활발히 하는 사람"이라며 새로운 오피니언리더 그룹의 출현을 알렸다. 보보스는 부르주아이자 보헤미안인 사람들을 일컫는 말이다. 프리랜서이면서 화려하게 사는 사람들이다. 하지만 나는 보보스의 반열에는 오르지 못했다. 흉내만 내다 말았다. 적어도 책 전문가는 보보스가 되기 어렵다.

처음에는 나도 보보스가 되려고 기자가 전화를 걸어오면 곧장 대답할 수 있게 자료 파일을 등 뒤에 꽂아 두고 살았다. 무엇이든 물어오면 파일을 꺼내 구체적인 수치를 제시하면서 응답해 주었다. 그런 식으로 이야기를 하니 점차 전화가 걸려 오는 횟수가 늘어났다. 하루에 한 언론사에서 전화가 대여섯 회 이상 온 적도 있었다. 그러면 하루를 그 언론사를 위해 일한 것이나 마찬가지다. 급한 청탁이 오면 곧바로 칼럼을 써서 보내곤 했다. 기자가 급하게 전화를 걸어 칼럼을 부탁하면 머릿속에 글의 얼개부터 짰다. 오후 1시에 전화를 걸어 오후 7시까지만 원고를 보내 달라고 해도 3시쯤 원고를 보내곤 했다. 준비된 필자라는 것을 각인시키기 위해서였다. 그렇게 청탁받은 칼럼은 대체로 '땜빵' 원고였다.

인기 탤런트는 출연료가 엄청나다. 그러나 출판전문가는 출연료가 교통비보다 조금 많은 수준이다. 한번은 생방송 시사프로그램에 10분 동안 출연하기로 했다. 작가의 자료 요구가 만만찮았다. 그걸 해결해 주는 데 네 시간이나 걸렸다. 그런 다음 출연 사실을 한 후배에게 알리니 "그건 외주 제작인데요!"라고 말했다. 외주 제작은 출연료도 절반에 불과하다고 했다. 나는 생방송이 시작되기 두 시간 전에 작가에게 전화를 걸어 외주 제작이냐고 물었다. 그렇다고 했다. 출연료를 물으니 후배가 말한 대로였다. 나는 당신들끼리 잘하세요, 라고 말하곤 전화를 끊어 버렸다.

이후 메인 작가가 여러 번 전화를 걸어와도 받지 않았다. 그러다 방송 한 시간 전에 결국 전화를 받았다. 조건을 맞춰 줄 테니 무조건 오라고 했다. 방송국에 도착해 준비하고 있자니, 담당 아나운서가 외주 제작의 어려움을 말하며 잘 부탁한다고 했다. 방송이 나간 뒤에야 담당 PD가 나타나 원하는 처우를 물었다. 나는 프리랜서들이 유명 정치인도 아니니 공중파 수준에 맞는 대우를 해 달라고 했다. 그 말을 하려고 그렇게 난리를 떤 것이지만, 내가 그런다고 세상이 바뀌지는 않을 것이다. 이후에는 아주 특별한 일이 아니면 방송 출연을 하지 않았다.

한 후배는 꽤 인기 있는 오락 프로그램에 출연했다가 출연료를 상품권으로 주기에 그 프로그램과는 연을 끊었다고 했다. 그것도 외주 제작이었을 것이다. 나도 〈아침마당〉에 출연했을 때 백화점 상품권을 받았다. 누군가는 말했다. 방송에 외주 제작이 많은 것은 경영진과 귀족 노조의 야합 때문이라고 말이다. 인건비 비율을 줄였다고 국회에 제출하기 위한 고육지책이라는 것이다.

이런 일도 있었다. 20세기 말에 꽤 영향력 있던 일간지와 공동 기획을 했다. 나는 사흘 동안 출판사에 무수한 전화를 걸고 자료를 분석해 '한국의 20세기 베스트셀러 20'을 선정했다. 한 출판사의 말만 믿을 수 없으니 크로스체크는 기본이었다. 『자동차 운전면허 예상 문제집』이나 『수학의 정석』, 『성문기본영어』 등은 따로 집계했다. 박스 기사용 자료였다. 가장 많이 팔린 것은 이문열 평역의 『삼국지』(민음사)였다. 기사의 반응은 좋았지만, 신문사에서는 박스 기사 대신 이문열 작가의 인터뷰를 실었다. 기사가 나간 직후 『삼국지』 판매 부수는 잠시 열 배로 치솟았다. 처음에 기자는 수고비를 주겠다고 했다. 그러나 그 말은 곧 '밥 한번 사겠다'로 바뀌었다. 25년이 지났지만 나는 아직 그 밥을 얻어먹지 못했다.

그 일이 있고 나서 다른 매체의 출판 기자들이 항의를 해 왔다. 자신들에게도 아이디어를 달라고 했다. 칼럼을 연재하던 매체에는 10년을 주기로 키워드별 베스트셀러를 정리해서 보냈다. 한국 출판은 해방 후 10년 단위로 키워드를 달리한다. 6·25 전쟁, 4·19 혁명, 10월 유신, 광주민주화운동, 현실사회주의 몰락 등이 각 시기의 전환점과 맞물리기 때문이다. 그래서 해방 공간의 '민족문화 재건', 1950년대의 '전후 허무주의', 1960년대의 '이데올로기', 1970년대의 '산업화', 1980년대의 '역사성', 1990년대의 '개인주의'라는 각 시기를 상징하는 개념어가 존재한다. 1990년대 이후에는 개인이라는 '상품'의 상품성을 키워 온 과정이라고 볼 수 있다. 또 다른 매체에는 '베스트셀러 80년사'에 대한 기사 「독서계를 휩쓴 책들 "우린 밤을 새워 읽었지"」를 기고했다. 연도별 대표 베스트셀러를 표로 만들어 함께 보냈다.

한번은 이런 일이 있었다. 출판전문지 기자라는 친구가 전화를 걸어 인사도 생략하고 내 사정도 물어보지 않고는 다짜고짜 자신이 출판 위기 극복 방안에 대한 기사를 쓰게 됐는데 몇 가지를 물어보겠다고 했다. 어이가 없었다. 그래서 나는 기자 노릇을 한 지 얼마나 됐느냐고 되물었다. 한 달 되었단다. 사회 경력이 한 달밖에 안 되는 친구가 무엇을 알겠는가. 에둘러 거절 의사를 밝히고 전화를 끊었다.

나는 정부도 믿지 않는다. 문화체육관광부(이하 문체부)와는 2002년에 출판전문가 아카데미에 대한 1000만 원짜리 연구 용역을 수행했다. 총무 담당자는 자기도 역할이 있어야 한다며 용역비의 5퍼센트를 깎았다. 연구진 연구비와 제작비를 대고 나니 남는 것이 없었다.

그 일이 있은 다음부터 관료들이 무턱대고 자료를 요구하기 시작했다. 기가 막혔다. 그래서 다시는 정부 용역을 받지 않았다. 예외는 있었다. 2013년에 도서정가제에 대한 용역의 책임 연구자가 되어 달라고 했다. 워낙 중요한 일이니 무조건 한다고 했다. 한 출판단체의 간부는 도서정가제에 대한 최고의 연구라고 했다. 나는 내가 받은 연구비를 연구자로 참여한 후배에게 모두 줬다. 자존심을 지키고 싶었기 때문이다.

2002년이었다. 당시 문체부 유진룡 문화산업국장은 내게 아이디어를 주면 도와주겠다고 말했다. 나는 그 이야기를 듣자마자 벌떡 일어서서 90도 각도로 인사를 하며 "고맙습니다. 하지만 저는 자생력이 있으니 괜찮습니다. 국가 예산은 더욱 어려운 곳에 주시지요"라고 말했다. 유 국장은 허허 웃으면서 "국가 예산은 어려운 곳이 아니라 비전이 있는 곳에 쓰여야 한다"고 말했다. 하지만 나는 그 이후로도 국가에 도움을 바란 적이 없다.

출판평론가라는 프리랜서로 25년을 살아왔다. 그 세월을 버틴 것이 대견하다. 나는 늘 내가 제일 불행하다고 생각했다. 내가 원하는 삶을 살지 못한 것 같아 억울했다. 1년 만이라도 내 삶을 살고 싶었다. 아니 드라마에서 자주 등장하는 3개월 시한부 인생 동안 만이라도 인생의 버킷리스트 모두 실천해 보고 싶었다. 그것도 안 되면 최후의 3일 만은 온전히 나를 위해 살고 싶었다. 인생의 마지막에는 내가 진정 꿈꾸었던 일을 해 보고 싶었기에 『책으로 만난

21세기』로 내 인생을 일괄한 후에 내가 하던 무수한 일을 정리했다. 개인 사무실은 회사 밖에 따로 만들었다.

요즘은 자료를 뒤지지 않고 내 블로그에서 검색만 해 보아도 데이터가 나온다. 그러니 이제 전화가 별로 오지 않는다. 이제 나도 세상에서 서서히 밀려나고 있다. 새로운 사안이 터지지도 않는다. 출판 종사자들이 문화 면보다 사회 면에 자주 등장하는 세상이 되니 내게 물어볼 말도 별로 없을 것이다. 덕분에 많이 한가해졌다.

내 인생에 후회가 많지만, 성과가 없는 것은 아니다. 인풋이 있어야 아웃풋이 있는 법이다. 고양이 빌딩으로 유명한 일본의 대표적인 논픽션 작가 다치바나 다카시는 인풋과 아웃풋이 100 대 1이 되어야 한다고 말했다. 하지만 나는 인풋과 아웃풋이 비슷한 형편이니 스트레스만 받으며 살아왔다. 그럼에도 읽은 글이 적지 않다. 적어도 하루에 한 권은 읽겠다는 자세로 살아왔다. 덕분에 나는 모든 사안을 직관으로 판단한다. 그렇게 인생의 말년에 자존심을 지키며 살 수 있게 되었다. 생각해 보면 내 인생만큼 행복한 인생이 없는 것 같다.

다시 그려 보는
출판 청사진

나는 학자처럼 체계적으로 책을 읽지 않는다. 주로 출판사에서 보내 주는 책 중에 마음에 드는 책을 골라 읽는다. 잘 팔리는 책은 팔리는 이유를 분석하기 위해서 읽는다. 그리고 하늘이 무너지지 않는 한 글을 계속 썼다. 무엇이든 썼다. 의무적으로 썼다. 쓰기 위해서 읽는 행위를 중단한 적이 없다. 내가 이런 삶을 살게 될 줄은 꿈에도 몰랐다. 목숨을 이어 가려 난독亂讀을 했다. 닥치는 대로 읽었다.

편집자 출신 프리랜서 작가인 하야미즈 겐로는 현대의 난독 제왕으로, '千夜千冊(천야천책)'으로 잘 알려진 편집자 마쓰오카 세이고와 장서를 부채질하는 독서 책을 몇 권이나 써낸 논픽션 작가 다치바나 다카시가 쌍벽을 이룬다고 했다. 나는 마쓰오카 세이고의 '천야천책'을 따라 해 본 적 있다.

마쓰오카는 2000년 2월 23일부터 주말을 제외하고 평일에 날마다 자신의 블로그에 서평을 올렸다. 처음에 그는 같은 저자의 책을 한 권 이상 다루지 않고, 같은 출판사나 같은 장르의 책도 연속으로 다루지 않는다는 원칙을 고수했다. 그가 위암에 걸렸을 때는 이 일을 잠시 쉬었으나 수술 후 요양을 끝내고는 다시 시작했다.

2023년 3월 24일에 한 번역가가 카톡으로 내게 '천야천책'의 주소를 알려줬다. 나도 블로그의 존재를 알았지만 잊고 살았다. 블로그에 들어가 보니 한국어로 자동 번역이 되어 선생의 글을 읽을 수 있었다. 스스로 감옥에 갇혀 이뤄 낸 고행의 산물인 그의 블로그에는 2023년 12월 30일 기준 1840번째 글이 올라와 있다.

지금은 날마다 글을 올리지 않지만, 한 편의 글마다 수십여 개의 도판을 활용해 깊이 있는 이해가 가능하도록 배려한 편집이 돋보였다. 언어 장벽을 걱정할 필요가 없다. 모든 글은 순차적으로 자동 번역이 이뤄지는데 원문과 한국어 번역본을 나란히 놓고 읽을 수 있다. 한국어뿐만이 아니다. 100여 개 이상의 언어가 가능하니 세계의 모든 언어로 읽을 수 있다고 해도 무방하다.

마쓰오카는 청년 시절 광고대리점에서 일하며 두 회사나 두 제품을 한 쌍으로 묶어 광고를 수주한 경험을 통해 모든 것은 '새로운 관계를 맺는 상대가 있다'는 깨달음을 얻게 됐다. 프랑스 철학자 질 들뢰즈는 모든 사건(시뮬라크르)에는 의미가 발생하는데 그 의미는 하나의 실로 꿸 수 있다고 했다. 마쓰오카는 현실 사회와 경제에는 모든 사건에 부여되는 의미가 자유롭게 적용되지 못한다는 것을 느끼고, 어떤 영역의 어떠한 사물과 사정에도 적합한 '의미 확장 방법'을 고안해 그 방법을 조금씩 형태화하기 시작했다.

그 결과 그는 '에디팅 프로세스'라고 할 만한 의미의 변용 과정이 언제나 다이내믹하게, 또한 분류와 영역을 넘어서 관련돼 있음을 밝혔다. 이렇게 해서 태어난 것이 '편집공학'이다. 이 같은 그의 생각은『지知의 편집공학』(넥서스)에 잘 정리돼 있다. 그의 편집공학은 뇌, 미디어, 컴퓨터, 말, 몸짓, 이미지, 음악, 오락, 광고 등의 커뮤니케이션 과정에서 정보 편집이 어떻게 일어나는가를 '형식적인 정보 처리'가 아닌 '의미적인 정보 편집 과정'을 통해 연구하고, 더 나아가 사람들의 세계관이 커뮤니케이션을 통해 어떻게 형성되고 변화돼 가는지를 전망하는 학문이다.

우리는 텍스트보다 콘텍스트를 중시한다. 콘텍스트는 텍스트의 맥락을 해석하는 것이다. 고맥락으로 연결된다고 해서 '하이콘텍스트'라고도 한다. 우리는 텍스트의 맥락을 제대로 짚어 준 글에 열광한다. 이러한 특성 때문에 블로그, 트위터, 페이스북 등의 소셜미디어에서는 커뮤니케이션의 계층성이 점점 강해지고 있다. 좀 심하게 말해 대중은 꿈보다 해몽을 즐긴다고 볼 수 있다. 이로 인해 유튜브에서는 같은 사안에 대해서도 극단적으로 다르게 해석하는 콘텐츠가 비일비재하다. 따라서 개인이 문해력을 키우지 않으면 중심을 잡지 못하고 휘청거리게 된다. 독서는 텍스트의 가치를 제대로 해석해 스스로 중심을 잡는 데 도움을 준다. 예전엔 책이 그런 역할을 했다면, 지금은? 수많은 책이 누군가의 가치판단을 받지 못해 서점 서가의 냄새도 맡아 보지 못하고 폐지로 전락하는 현실이 안타까울 따름이다.

마쓰오카 세이고는 내 삶에 많은 영향력을 끼친 사람 중 하나다. 그는 『창조적 책읽기, 다독술이 답이다』(청림출판)에서 북클럽 같은 독서공동체의 복원이 필요하다고 말했다. 더불어 일본에서 독서공동체가 발달하지 못하는 이유로 사회·경제적인 이유 외에 대략 세 가지가 있다고 했다. 그 세 가지는 다음과 같다.

첫째, 커뮤니티와 '의미의 시장'이 도막도막 단절되었다. 활기 넘치는 지역 도서관이나 대형서점이 있다 해도 '의미의 시장'과 연결되어 있지 못하다. 둘째, '책은 혼자서 읽는 것'이라고 단정하는 경향이 있다. 서양에서는 어린이 교육의 중심을 '다독'과 '토론'에 두고 있는데 일본에서는 독서 체험을 개인의 수면이나 휴식처럼 여겨 '북 코뮌'이 성립되어 있지 못하다. 따라서 앞으로는 이런 리터러시 교육과 함께 '공독共讀'의 새로운 재미를 먼저 느껴야 한다. 셋째, 책을 추천하는 구조가 발달되어 있지 못하다. 에도 시대에는 '인연'이 강조되고, '취향'을 공유하기 위해 다양한 표현 문화를 서로 추천하곤 했는데 어느 순간 그런 문화가 쇠퇴해 버렸다.

나는 일본에 가서 서점에 들를 때면 마쓰오카 세이고의 책을 꼭 찾아본다. 서점의 사회학 코너에서 그의 이름이 적힌 책을 빼 버리면 휑할 지경이다. 마쓰오카 세이고의 저서도 적지 않지만, 그가 추천의 글을 쓴 다른 책들도 많기 때문이다. 나는 그의 문제 제기에 십분 동의했고, 그의 이론을 받아들이려면 학교 교육부터 바뀌어야 한다고 생각했다. 그래서 〈학교도서관저널〉 창간을 결심했다.

오랜만에 그의 블로그에 접속해 본 뒤 생각이 많아졌다. 출판에 대한 판을 다시 짜야겠다는 결심을 했다. 그날 나는 신입 편집자를 데리고 술을 마시러 갔다. 나중에 두 후배가 왔다. 그러다 출판의 미래에 대한 여러 생각 때문에 취했다. 식당이 일찍 문을 닫는 바람에 버스를 타고 귀가했다. 집 앞 버스정류장에서 내리다가 발을 헛디뎌 앞으로 고꾸라져 안와골절이 왔다. 양쪽 눈썹 위를 비롯해 얼굴의 서너 군데가 찢어졌다.

나는 그날 잘못 넘어지면 사람의 모습으로 살지 못한다는 것을 처음 경험했다. 뒤로 넘어졌다면 저승으로 갔을지도 모른다. '너울성 파도'에 이어 요단강을 두 번 건널 뻔했다. 내가 병원에 입원한 것은 생애 처음이었다. 병원에서 생각해 보니 앞으로 해야 할 일이 많았다. 내가 운영하는 출판사들이 잘 굴러가면 직원들에게 맡겨놓고 독서 운동에 매진하려고 했다. 이대로 끝낼 수는 없었다. 수술이 끝난 후 의사는 눈이 안정되려면 적어도 3개월은 술을 마시지 말라고 했다. 나는 2년 가까이 술을 마시지 않았다. 그 이후 앞으로의 출판 인생에 대한 청사진을 다시 그리기 시작했다.

책의 세계에서
인류의 미래로 나아가다

4년 전, 창간 60주년을 앞둔 한 잡지가 폐간을 예고했을 때 나는 '자살' 혹은 '타살', 그도 아니면 '자연사' 중 어느 것일까에 대한 글을 쓴 적이 있다. 그렇다면 25년 동안 600호를 펴내고 1000호까지 달려가기로 결정한 〈기획회의〉는 왜 500호에서 자살을 꿈꿨을까? 수많은 잡지가 사라져 가는 가운데 500호까지 이끌고 왔으면, 이제는 사라져도 자연사 아닌가. 그때 한 단계 업그레이드된 새 잡지의 창간을 꿈꿨다. 이런 꿈은 500호를 발행하기 이전에도 자주 꿨다. 누구든 그렇지 않은가! 자신의 인생을 걸고 할 만한 일이 아니라는 판단이 든다면 잡지 따위가 대순가! 그럼에도 〈기획회의〉가 자살하지 못한 것은 여전히 이 잡지를 필요로 하는 독자들의 격려가 많았기 때문이었다.

〈기획회의〉의 타살을 꿈꾸는 사람들도 없지 않았다. '〈기획회의〉

=한기호'라고 착각한 그들은 〈기획회의〉에 광고를 주지 않으면 자연사할 것이라고 착각했다. 나는 그런 압박에 무척 화가 났다. 자살을 꿈꾼 것이 부끄러웠다. 그건 500호까지 〈기획회의〉에 글을 써 준 6000여 명의 필자를 모독하는 일이었다. 다시 분발해야만 했다. 이후 광고가 없어도 유지될 수 있는 잡지를 꿈꿨다. 그래서 2020년 1월에 은행에서 1억 원을 대출받아 출판사에 넣어 주고는 광고 영업을 중단했다.

이렇게 배수진을 친 이후 4년 동안 편집 회의에 참석하지 않았다. 코로나19가 기승을 부리던 시기라 편집위원 회의는 줌으로 이루어졌다. 그러니 실수로라도 그들과 부딪힐 일은 없었다. 젊은 상상력으로 그들은 4년 동안 잡지를 잘 이끌어 줬다. 이런 체제라면 앞으로 1000호가 아니라 2000호까지도 발행될 수 있을 것이라는 확신이 들었다. 잡지는 공론의 장이다. 공론을 만들면서 세상에 도움이 된다면 죽지 않을 것이다. 〈기획회의〉는 내가 아무런 일을 하지 않았음에도 4년 동안 잘 버텨 주었다. 아니, 새로운 가능성을 열어 갔다.

문제는 시대적 분위기가 잡지의 존재를 허락하는가의 여부였다. 한때 출판의 꽃이었던 잡지를 발행하는 일이 이제는 두려움의 상징처럼 여겨지고 있다. 2001년에 21세기 출판의 역사는 "광대한 바다처럼 떠도는 무료 정보와의 투쟁의 역사"가 될 것이라는 글을 쓴 이후 이를 기회가 있을 때마다 환기시켰다. 물론 2099년에는 이 세상에 생존해 있을 리가 없다. 그러나 그때 누구든 21세기 출판의 역사를 이보다 명쾌하게 정리하지는 못할 것이다.

내게 '21세기 출판 역사를 정의한다면?'이라는 화두를 던져 준 이는 계간 〈책과 컴퓨터〉의 총괄 편집장으로 일한 바가 있는 츠노 가이타로 선생이다. 선생은 『구텐베르크 은하계의 행방』(한국출판마케팅연구소)에서 "그럼 앞으로 100년 뒤에 만일 지나온 21세기의 출판사出版史를 회고하며 쓴다면 무엇이 최대의 사건이 될까? 여러 가지가 있겠지만 확실히 말할 수 있는 것은 단 하나다. 책의 세계 한가운데 인터넷(혹은 인터넷적 요소)에 의해 유지되는 무료 정보의 광대한 바다가 출현했다는 것, 그것이 20세기와 결정적으로 다른 21세기 출판사의 특징이라 할 수 있다"라고 적시했다.

츠노 선생은 그 글에서 "인터넷이라는 공공의 장에 일방적으로 책을 무료로 제공하는 엄청난 수의 사람들(저자)도 출현할 것이다. 한편 다른 곳에서는 무료로 책을 손에 넣고 읽는 새로운 독자층이 형성될 것이다. (중략) 그러나 21세기는 다를 것이다. 도서관, 대학, 크고 작은 관청이나 연구소, 운동연합, 신문사나 출판사를 포함한 여러 기업, 물론 유·무명 개인이나 소집단 등이 엄청난 양의 무료 정보를 방출하여 그것이 인터넷에 점차 축적될 것이다. (중략) 어린이든 어른이든 전문가든 비전문가든 그 디지털 문서를 다양한 방법으로 읽고 느끼고 생각하며 각각 상상력을 확장할 계기를 만들 것이다. 그리고 결국 독서의 새로운 구조가 서서히 형성될 것"이라고 예측했다.

그 예측은 현실이 되었다. 인터넷에는 무료 정보가 넘친다. 세계의 중요한 웹사이트를 연결해 놓으면 고급 정보를 손안에서 무료로 즐길 수 있다. 나 역시 무료 정보를 꽤나 방출하고 있다. 내가 쓰는 대부분의 글을 내 블로그에 올린다. 그러다 보니 웹사이트에 '출판인 블로그'라고 치면 내 블로그가 가장 먼저 뜨는 '영광'을 얻긴 했다. 그러나 그로 인해 내게 오는 당장의 이익은 없다.

이런 세상이다 보니 인터넷에서의 정보는 무조건 '공짜'라거나, 적어도 값이 싸야 한다는 인식이 일반화되면서 출판 비즈니스도 새로워지지 않으면 살아남을 수 없게 되었다. 한때 국립중앙도서관은 책을 모든 국민이 안방에서 자유롭게 대여해 볼 수 있는 시스템을 구축하겠다는 발상을 한 적이 있다. 출판계의 반발로 이용자의 입장만 생각한 이 계획은 철회될 수밖에 없었지만, 이런 식의 폭력적인 발상을 하는 이들은 이후에도 간간이 보인다.

출판업은 무료 정보의 범람을 이겨 낼 만한 새로운 시스템을 만들어야만 계속 유지될 수 있다. 그 중심에 저작권 문제가 있다. 인류가 생산한 모든 자료를 디지털화해서 누구나 자유롭게 이용할 수 있는 디지털 도서관을 만들겠다는 '프로젝트 구텐베르크'나 저작권이 만료된 근대의 작품들을 무료로 볼 수 있는 전자도서관인 일본의 '아오조라문고'가 품었던 이상이나 정신을 비판할 필요까지는 없다. 그러나 디지털 기술은 우리가 상상하는 것 이상이다. 아이패드가 등장하자마자 절단기와 스캐너가 불티나게 팔리고, '북스캔'이라는 업종이 성황을 이룬 것은 단적인 예다. 복제 기술과 네트워크 기술이 '빛나게' 발전하는 바람에 한 권의 책을 불법 복제해 단숨에 모두가 소유할 수 있는 세상이 왔다. 이런 현실에서 창작물의 저작권이 살아남을 수 있을지 두렵다.

요즘 나는 인생에 피가 되고 살이 되는 무수한 정보를 무료로 얻곤 한다. 힘겹게 책을 읽지 않아도 큐레이션해 주는 핵심 정보를 쉽게 얻을 수 있다. 더군다나 생성형 인공지능까지 등장해 질문만 하면 대답해 주는 세상이 왔다. 외국어를 배울 필요도 없다. 외국인과 프리토킹이 가능한 통역 장치가 곧 등장한다고 하니 말이다. 이제 출판은 독자의 시간을 확보하려고 몸부림쳐야 한다.

이런 현실에서 책과 잡지는 어떻게 해야 살아남을까? 잡지 폐간은 속출하고 책의 평균 발행 부수는 해마다 감소하고 있다. 베스트셀러의 확장성 또한 급격하게 줄어들고 있다. 대형 기획이나 장기 기획이 거의 사라져 독자의 심장을 뜨겁게 뛰게 만드는 책의 출현 또한 줄어들고 있다. 그런데도 출간되는 책의 종수는 늘어난다. 여전히 책이 저자의 포트폴리오가 되는 현실이기에 자비출판이 늘어나고 있는 탓이기도 하다. 이런 빈곤의 악순환이 심해지자 이제 출판은 끝났다는 비관론마저 고개를 들고 있다.

미국의 과학자이자 논픽션 작가인 재레드 다이아몬드는 21세기 인류 문명을 위협하는 네 가지로 '핵전쟁의 위협', '기후변화', '자원의 고갈', '사회적 불평등'을 꼽았다. 이중 어느 것 하나 중대하지 않은 것이 없다. 출판도 인류 문명의 한 축이다. 그렇다면 우리 출판을 위협하는 '네 가지 위험'은 무엇일까? 나는 재레드 다이아몬드의 생각을 패러디해 다음의 네 가지로 정리했다.

첫째, 인공지능이라는 핵폭탄의 등장이다. 인간은 이제 궁금한 것이 있을 때마다 스마트폰으로 검색한다. 스마트폰이 바로 인공지능이다. 그것 하나로 많은 것을 해결하는데 구태여 책을 사 볼까? 지식을 분절화해서 제공하는 책들은 이제 수명이 다해 가고 있다. 책은 이제 지식이 아닌 지성(지혜)을 담아내야 한다. 생산자(작가)가 소비자(독자)에게 일방적으로 전달하는 스토리텔링만으로는 독자를 설득하기 어려운 세상이 되었다. 스마트폰을 비롯한 디지털 디바이스의 보급으로 '체험형 콘텐츠'의 소비가 급격하게 늘어나면서 일방적인 정보 제공이 아닌 쌍방향 소통을 지향한 '스토리두잉'의 중요성이 부각되기도 하였지만, 지금은 자신만의 유니크한 이야기여야 통하는 '스토리리빙'이 중요해졌다. 작가의 삶의 지문을 보여주는 '뾰족함'이 없으면 시장에서 바로 퇴출된다. 이제 책은 임팩트가 강하면서, 예외적이고, 완전히 새롭고, 재미가 있어야만 한다. 아니면 즉각적인 실용성이라도 갖추어야 한다.

둘째, 지식 생산과 소비 시스템의 변화다. 이제 인간은 자신이 필요한 정보의 대부분을 무료로 해결하려 든다. 그런 세상에서 출판은 새로운 비즈니스 모델을 찾아야 한다. 21세기 내내 종이책 매출이 완만한 하향세를 유지해, 결국 종이책 매출은 전성기에 비해 절반 수준으로 줄어들었다. 세계 주요 출판사들은 줄어드는 부분을 전자 출판 등 디지털 관련 수입과 저작권 판매 수입으로 메웠다. 일부 출판사는 벌써 전자 출판이 종이책 매출을 넘어서기 시작했다. 시장이 전 세계로 확대되는 초연결사회가 되면서 저작권 수입이 급증하고 있다. 출판사는 이제 콘텐츠 제공자가 되어야 미래를 주도할 수 있다.

셋째, 엘리트 저자의 고갈이다. 팔릴 만한 책을 써낼 엘리트 저자를 구하기란 하늘의 별 따기 만큼이나 힘들다. 엘리트 저자의 책들도 시대에 뒤처지는 것이 많아 시장성이 급격하게 낮아지고 있다. 하지만 우리가 새로운 상상력을 지닌 저자를 발굴하기만 하면 세계 시장에서 즉각 큰 성과를 이룰 수 있다. 잘 나가는 출판사들도 새로운 엘리트 저자를 찾지 못하면 즉각 도태된다. 〈기획회의〉를 펴내는 한국출판마케팅연구소는 출판 브랜드인 요다에서 김동식이라는 전대미문의 작가를 발견했기에 새로운 가능성을 열어 갈 수 있었다. 지금 시장에서 통하는 엘리트 저자의 얼굴은 급속도로 달라지고 있다.

넷째, 상상력의 불평등이다. 모두가 마이크를 잡고 '노래'를 부르려 들지만 정작 노래를 들으려는 사람은 매우 부족하다. 저자가 되려는 사람은 많지만 독자가 되려는 사람은 없다. 지금 독자의 대부분은 저자가 되고자 하는 세컨드 크리에이터다. 설사 독자가 있다고 해도 그들의 시간을 확보하기가 무척 어렵다. 대부분의 OTT 사업자가 넷플릭스의 하청기지로 전락할지도 모른다는 우려가 나오는 세상에서 출판기획자들은 어떻게 해야 살아남을 수 있을까? 무조건 새로운 상상력이다. 그런 상상력이 담긴 확실한 콘텐츠 하나만 확보하면 세계 시장을 주름잡을 수 있다.

따라서 출판계는 크로스(트랜스)미디어 전략을 세워 잘 실행해야 한다. 처음부터 디지털 콘텐츠를 확보한 다음 이를 종이책으로 다시 생산하거나 웹, 모바일, 영상, 게임, 애니메이션 등으로 영역을 넓혀 가야만 한다. 이 전략에 가장 적합한 장르는 소설, 만화, 사진 등이다. 웹툰과 웹소설을 원천으로 하여 만든 한국의 영화나 드라마가 K팝과 함께 세계를 뒤흔들고 있다. 크로스미디어 전략은 이미 콘텐츠 자체만 판매하는 수준이 아니다. 모바일사이트나 웹사이트를 활용해 다른 업종과 협업하여 매출을 크게 늘려 갈 수 있다.

지금 세상에서는 1인 크리에이터들이 활개를 치고 있다. 그들은 프로젝트별로 합종연횡을 하며 성과를 내고 있다. 이제 출판은 창의적인 아이디어를 가진 개인이나 작은 조직, 그리고 새로운 상상력을 발휘할 줄 아는 젊은 세대가 뛰어들어 일하기 좋은 분야다. 사양산업이 아니라 앞날이 기대되는 벤처산업이다. 지금은 누구나 생산자이면서 소비자가 되는 프로슈머의 시대다. 1인 출판도 얼마든지 가능하다. 자신이 진정 쓰고 싶은 아이템을 발견하면 직접 저자가 될 필요가 있다. 저자 자신이 유튜브를 통해 책의 외연을 넓히면서 많은 팬덤을 확보하기만 한다면 자신의 운명을 바꿀 수도 있다. 자신이 좋아하는 일을 즐기면서 활동의 폭을 넓혀 나가다 보면 언젠가는 큰 '기회'가 찾아올 것이다.

누군가는 아날로그적인 삶 자체가 '플랫폼'이라고 말했다. 한때 디지털 기술이 등장해 인간에게 엄청난 두려움을 안겨 주었지만 이제 인간은 아날로그 종이책을 플랫폼으로 여기며 디지털 기술을 맘껏 활용할 수도 있다. 머지않아 플랫폼에 독자와 저자가 접속해 토론하는 일도 가능할 것이다. 아날로그 종이책에 디지털 감성을 입혀 부가가치를 높이는 일이 대세가 될 것이다. 남들과 다른 나만의 독특한 가치를 스스로 찾아내어 제공하기만 하면 두려움이 없이 세상을 살아갈 수 있다.

600호에 도달한 〈기획회의〉는 이후 책의 세계만 다루는 잡지가 아니라 인류의 미래를 탐구하는 잡지로 거듭나기로 했다. 〈기획회의〉는 인류가 맞이한 최대의 문제인 '불평등'과 '기후위기'에도 관심을 기울이기로 했다. 기업이나 국가는 이 문제를 제대로 다루려 하지 않는다. 언론에만 기대하기도 어렵다. 그러니 〈기획회의〉에서 작은 불씨라도 꾸준히 지펴 볼 생각이다. 두 문제를 해결하기 위한 상상력을 지역(로컬)에서 찾아 전 지구적으로 확대할 수 있어야 한다. 그에 걸맞은 연재들이 601호부터 게재될 것이다. 새로운 잡지를 꿈꾸는 것이 아니라 〈기획회의〉가 변신해서 독자들의 기대에 부응하려 한다.

앞으로 출판사는 둑부터 막고 물이 고이게 만들어야 한다. 물이 고인 저수지가 있어야 발전을 하고, 농사도 짓고, 물고기도 키울 수 있다. 물이 맑으면 수영을 하겠다고 뛰어드는 사람이 늘어난다. 출판의 패러다임을 근본적으로 바꾸어야만 하는 것이다. 이를 '어장형 출판'이라 부를 수도 있겠지만, 달리 말하면 그게 바로 플랫폼이다. 이제 편집자는 세컨드 크리에이터들과 같은 어장에서 놀다가 시의성 있는 주제를 발견하면 그 주제에 관심이 있는 사람들과 집단지성을 발휘하여 임팩트가 강한 글을 빠르게 생산할 수 있어야 한다. 그런 시스템을 확보한 출판사는 미래가 두렵지 않을 것이다.

교육 공론장으로서의
〈학교도서관저널〉

평생 책을 읽어 왔다. 그런데 나는 과연 책을 제대로 읽은 걸까? 한 선배는 자발적으로 은퇴한 뒤 오피스텔에서 책을 읽었다. 한 달은 '논어', 다음 달은 '니체' 하는 식이다. 평생 편집자로 살아왔으니 책에 대한 주관적 평가를 누구보다 잘할 줄 아는 이였다. 나는 그 선배에게 책을 읽지만 말고 글을 써 보라고 했다. 일종의 청탁이었다. 선배는 고전에 대한 정확한 글을 써낼 수 있을 것 같았다. 바로 거절당했다. 거절의 이유는 어떤 목적을 갖고 책을 읽는 것은 진정한 독서가 아니라는 것이었다.

나는 책을 읽자마자 서평을 쓰는 일이 무수히 많았다. 책을 읽고 사흘쯤 지난 다음 그때까지 뇌리에서 사라지지 않는 내용을 중심으로 서평을 쓰면 좋은데 읽자마자 글을 써 댔으니 온전한 글이 되지 않았을 것이다. 그러니 무수한 글을 썼어도 독자들로부터 큰 호응을 받지 못했다. 물론 선배가 나를 비하할 의도로 그렇게 대답한 것은 아니다. 하지만 나는 그 말을 듣고 자책할 수밖에 없었다.

읽는다는 것은 중요하다. 어떤 책을 읽는가도 중요하다. 최근에 만난 한 대학 후배는 내가 자기 삶의 정체성을 확립해 준 사람이라고 말했다. 깜짝 놀랐다. 종종 만나 왔지만 별다른 이야기가 없다가 40년도 더 지나서야 갑자기 그런 이야기를 하니 놀라지 않을 수 없었다. 이유를 물으니 40년 전에 내가 권한 책들 때문이란다. 나는 공주사범대학에 다닐 때 〈사대신문〉 편집장이었다. 그때 신문의 광고 지면에 학생들에게 권할 만한 책의 광고를 실었다. 나는 책을 펴낸 출판사에 직접 찾아가 광고 동판을 달라고 했다. 광고비는 책으로 받았다. 받은 책은 당연히 신문사 후배들에게도 나눠 줬다.

광고에는 에버레트 라이머의 『학교는 죽었다』, 이반 일리치의 『탈학교의 사회』, 파울루 프레이리의 『페다고지』 등 교사라면 누구나 읽어야 하는 책들이 포함되어 있었다. 그 책들에 대한 전문가의 글을 받아서 〈사대신문〉에 특집을 꾸리기도 했다. 나는 국어전공이었지만 항상 교육전공이라고 생각했다. 사범대학에 다니는 모두는 교육이 전공이기에 그 책들을 반드시 읽어야 한다고 생각했다. 웬일인지 『학교는 죽었다』가 공주 시내의 한 서점에서만 공주사대 학생 수만큼 팔려 나간 적도 있다. 나중에 확인해 보니 방학 때 연수를 받으러 온 교사들이 그 책을 찾았다고 했다. 이 사실이 알려지자 한 출판사에서는 꽤 많은 광고비를 주겠다고 했다. 하여튼 그 책들은 지금도 많은 이에게 읽히고 있다.

　나는 그때 만난 한 출판인 때문에 출판계에 입문하게 됐다. 책으로 인생이 결정되었고, 수많은 관계도 생겼다. 같은 책을 읽어도 사람마다 떠오르는 생각은 다를 수 있다. 다만 소중한 책을 함께 읽을 때 우리는 벌거벗은 마음으로 마주할 수 있다. 내 경험에 비추어 보건대 정체성이 확립되지 않은 어린 나이에 읽은 책들이 자신에게 더 피가 되고 살이 되는 것 같다. 그 책들을 읽은 후배는 올바른 교사가 되려고 작정했고, 나는 먼 훗날 〈학교도서관저널〉을 창간하려는 마음을 굳힐 수 있게 됐다. 어린 학생들은 더더욱 어떤 책을 읽는가가 중요하다. 그게 교육의 성패를 가늠할지도 모른다.

　하지만 학생들에게 특정한 책을 권하고 싶지는 않았다. 〈학교도서관저널〉을 창간하기 직전 한 일간신문의 기자로부터 초중고를 졸업한 아이들이 개학을 앞둔 보름 동안 읽을 만한 책을 세 권씩 추천해 달라는 부탁을 받았다. 다급하게 부탁하는 바람에 그러겠다고 대답했지만 쉬운 일이 아니었다. 그래서 독서운동을 열심히 하는 교사들에게 물어보기로 했다. 중학교에 근무하는 한 교사는 독서교육에 있어 자타가 공인하는 사람이었다. 하지만 그는 나의 부탁에 의외로 쩔쩔맸다. 자신이 가르쳤던 아이들 이름을 하나하나 떠올리면서 책을 추천하는 것이야 힘든 일이 아니지만 불특정다수를 놓고 추천하는 것은 너무 막막하다며 결국 추천하지 못했다. 그 일이 있고 나서 나는 남을 위해 책을 추천하는 일은, 특히 자라나는 아이들을 대상으로 책을 추천하는 일은 매우 어렵다는 사실을 절감하게 되었다.

2005년 무렵에도 아이들에게 책을 읽히려는 운동은 열풍처럼 불었다. 열풍이 있으면 비판도 있다. 독서 운동가 김은하는『독서교육, 어떻게 할까?』(학교도서관저널)에서 "독서교육 현장에서 '가르치기'가 생략되고 '평가하기'만 이루어지는 경우를 많이" 본다고 했다. 가령 아이들에게 수영을 가르친다고 할 때 우선 교사가 시범을 보인다. 그리고 손과 발의 움직임, 호흡, 몸의 자세 등 어떻게 하면 수영을 잘할 수 있는지 설명해 준다. 아이들이 수영하는 걸 보면서 자세도 고쳐 주고 연습도 시킨다. 잘 안 되는 부분은 지적도 하고 힘들어하면 격려도 한다. 즉 '가르쳐' 준다고 했다.

그러나 우리 독서교육 현장에서는 이런 가르침의 과정이 생략된다. 학교에서는 정해진 분량대로 독후감을 썼는지, 독후감에 필요한 요소가 다 들어가 있는지에 따라 수행평가 점수를 매긴다. 하지만 이건 독서교육이 아니라 '평가'다. 같은 책에서 김은하 선생은 다음과 같이 말을 잇는다. "초등학교 6년 동안 독후감 검사는 많아도 선생님의 독후감 쓰기 시범은 없습니다. 가르침이 없이, '많이 쓰면 는다'며 검사하기로 교육을 대신하는 경우가 많습니다. 수영 시범과 설명이나 조언 없이 '수영은 많이 하면 는다'며 연습 횟수를 체크하는 것처럼요."

심지어 시험을 봐서 아이들을 평가하려는 어이없는 교사 단체도 있었다. '독서능력검정시험'을 교육 당국의 협조로 도입해 돈을 벌어 보려던 H독서운동본부가 그 예다. 나는 이 단체에 대해 신문 칼럼을 통해 격렬하게 비판했다. 다른 교사 단체도 있었다. 그 단체 교사 40여 명과는 도고온천에서 1 대 40으로 거센 논쟁을 벌였다. 그 자리는 교육부의 간부가 참관하고 있었다. 이런 일로 나를 경원시하는 이들이 늘어났다. 일부 학부모들도 독서교육의 최종 목적지를 '대입'과 '취업'으로 보았다. 그저 공부를 잘해 좋은 대학에 들어가는 데 도움이 되는가의 여부만 가늠했다.

이런 분위기에 대한 비판이 없을 리 없었다. 한 독서이론가는 칼럼에서 "책을 읽는다는 것은 고도의 문화적인 활동"이고, "책 자체가 문화의 집약적 표현이기도 하거니와 문자를 통해 의미를 파악하고 스스로의 관점을 세워 나가는 일은 문화를 전승하고 창조하기 위한 지극히 인간적인 실천"이므로 그 "문화적 실천이 자발성에 근거하여 이루어져야 함은 절대적인 원칙"이라고 주장하면서 아이들에게서 '책 읽기의 즐거움을 빼앗지 말라'고 외쳤다.

그 당시에는 책 읽기 열풍의 스펙트럼이 다양했다. 모든 주장에는 나름의 이유가 있었다. 이상적이든 현실적이든 한계도 분명하게 공존했다. 그래서 논란이 많았다. 독서인증제를 주장하는 사람들은 '이렇게'라도 하지 않으면 학생들이 과연 책을 읽겠느냐고 항변했다. 맞다. 학생들에게는 어느 정도 '교육적인' 강제가 필요할 수 있다. 하지만 독서인증제를 비판하는 입장에서는 '소가 웃고 지나

갈 일'이라고까지 했다.

〈학교도서관저널〉은 그런 논쟁이 격렬하게 벌어진 직후인 2010년 3월에 창간호가 나왔다. 창간 회의에서는 〈학교도서관저널〉에 '이달의 새 책'이라는 신간을 소개하는 난을 권말에 붙이는 것에 대해 격렬한 논의가 있었다. 추천도서라 하지 않고 '이 달의 새 책'이라고 한 것은 고육지책이었다. 어린이와 청소년 대상의 책을 모두 70여 권 소개하되 추천위원들이 토론을 통해 고른 다음 직접 서평을 쓴다는 원칙을 정하게 되었다. 이 일은 쉽지 않았다. 초기에는 내부 다툼도 있었다. 그런 어려움을 창간 초기에 겪은 것이 그나마 다행이었다. 다툼까지 벌이며 확고한 원칙을 정립했기에 14년을 버틸 수 있었다.

내가 〈학교도서관저널〉을 창간하고 14년을 버틸 수 있었던 힘은 바로 이것이다. 진실이라고 말할 수도 있는, 원칙을 무조건 지키려는 생각이 없었다면 벌써 문을 닫았을지 모른다. 나는 자원봉사자처럼 일하는 70여 명의 기획위원과 추천위원 들에게 모든 일을 위임했다. 필자들의 글에도 간섭하지 않았다. 논란이 되는 글이 게재되어 비판이 제기되어도 반론을 통해 균형을 잡자는 방침을 정하고 이를 편집자들은 준수했다. 이런 원칙을 지키는 일만도 초기에는 쉽지 않았다. 그러나 어느 순간부터 이런 원칙이 세상에 알려지자 〈학교도서관저널〉을 칭송하는 사람들이 늘어나기 시작했다.

아직 숙제는 남았다. 〈학교도서관저널〉은 공익적인 잡지다. 이런 원칙이 훼손되지 않으면서 항구적으로 발행되는 잡지가 되어야만 한다. 그러기 위해서는 물적 토대를 확실하게 만들어야만 한다. 이를 위해 2013년부터 단행본을 발행하기 시작했다. 하지만 책이 잘 팔리지 않는 세상에서 단행본 출간은 도움이 되는 것이 아니라 오히려 부담이 되었다. 그러다 '코로나19' 이후 확실한 방향을 잡았다. 2020년 4월 초, 학교에서는 아무런 준비도 없이 '온라인 수업'이 도입됐다. 현장의 교사들은 온라인 수업의 해법을 담은 실용서를 갈구했다. 여러 출판사에서 온라인 수업에 대한 책을 기획했지만 빨리 펴내기가 쉽지 않았다. 이때 코로나19가 발생하기 전부터 온라인 수업에 대해 함께 공부한 커뮤니티가 자청하고 나섰다. 그들은 2~3년 차 교사였다.

교사들은 온라인 수업 연구 채팅방을 찾아온 4만여 명의 교사들에게 온라인 수업에 관한 설문을 실시하여 교사들이 가장 궁금해하는 것, 어려워하는 것으로 책의 차례를 구성했다. 구글 폼으로 진행된 설문 결과는 동시에 클라우드에 파일로 저장되었다. 교사들은 퇴근 후 클라우드에 접속해 집단지성으로 약 한 달 만에 글을 써냈다. 다시 한 달여의 편집 기간을 거쳐 『교사가 진짜 궁금해하는 온라인 수업』(학교도서관저널)이 출간됐다. 책의 반응이 열렬한 것은 당연지사였다. 이후 학교 현장의 핵심적인 쟁점(키워드)에 대해 집단지성으로 글을 써서 빠르게 펴낸 책들이 속속 출간되자 살림살이가 조금씩 좋아지기 시작했다. 〈학교도서관저널〉이 교사라는 독자 커뮤니티 역시 생산자로 활용할 좋은 기반을 갖춘 상태라는 것을 자각한 후에는 단행본 기획이 탄력을 받기 시작했다. 덕분에 2023년 하반기에는 전년에 비해 매출이 두 배 가까이 늘어났다. 이런 증가세는 해마다 지속되지 않을까 싶다. 아니 그래야만 한다.

〈학교도서관저널〉도 발행 부수가 점점 늘어나고 있다. 이 잡지는 이미 플랫폼이다. 이를 온라인으로 확장해 다양한 사업을 펼칠 수 있다. 더군다나 25년 역사의 〈기획회의〉와 협력하면 효과가 더욱 증진될 것이다. 이를 서두를 필요는 없지만 반드시 이뤄 내야 하는 일이다. 〈학교도서관저널〉이 14년간 생산한 글들만 잘 정리해도 책과 독서, 그리고 독서 운동에 대한 담론이 풍성하게 나올 것이다. 이런 일이 꾸준히 계속된다면 한국 교육의 미래는 무척 밝을 것이다. 그것이 나의 자부심이다.

두 잡지의 존재 이유를 되새기며

일모도원日暮途遠. "날은 저물었는데, 갈 길은 멀다." 〈기획회의〉 발간에 25년이나 헌신했지만, 아직도 갈 길이 멀다. 40대와 50대, 그리고 60대 중반까지 내 인생의 많은 부분을 잡지에 쏟아부었다. 인생이 유한한 것처럼 잡지의 수명도 유한하다. 역할을 다했으면 미련을 버리고 접으면 되건마는 결국 1000호까지 발행하기로 했다. 이미 65세인데 그때까지 살아 있으리라는 보장도 없다. 그럼에도 불구하고 남은 생마저 남김없이 잡지에 바치기로 결심했다.

〈기획회의〉가 그럴 만큼 의미가 있을까? 나는 충분히 있다고 보았지만, 되도록 많은 이들의 뜻을 모을 필요가 있었다. 특히 이 잡지의 발간에 직간접으로 참여하는 이들의 의지가 중요했다. 이 책을 내는 이유이기도 하다. 지나온 세월을 톺아보고 〈기획회의〉의 존재 이유를 확인해 보고 싶었다. 치밀하게 정리하지 못하고 큰 뼈대만 대강 엮어 급하게 쓴 것이 못내 아쉽지만, 중요한 이야기는 모두 썼다.

〈기획회의〉는 산업지이지 평범한 서평지가 아니다. 출판의 역사를 써 내려가는 잡지다. 〈기획회의〉 500호 출간을 기념해 펴낸 별책 단행본 『한국 출판계 키워드 2010-2019』를 한번 살펴보자. 이 책은 〈기획회의〉에서 해마다 발표한 '올해의 출판계 키워드'를 연도별로 갈무리한 것이다. 총 358개의 키워드를 선별해 출판계 이슈를 촘촘히 살폈다. 이 책 한 권으로 출판계를 넘어 한국 사회의 정치·경제적 맥락을 한눈에 읽을 수 있으며, 당대에 주목받은 책들을 통해 드러나는 대중들의 욕망과 시대상을 읽을 수 있다. 간단히 말해 책으로 살펴본 2010년대 역사다. 그래서 〈기획회의〉를 접을 수 없었다. 누군가는 해야만 하는 일이다.

나는 누구보다 역사와 기록의 중요성에 공감한다. 대학 시절, 1978년에 출간된 강만길 선생의 『분단시대의 역사인식』(창비)을 읽고 깊은 감동을 받았다. 출판영업자로 첫발을 내디딘 직후인 1984년 봄에는 『한국근대사』와 『한국현대사』(이상 창비)를 내놓으셨다. 역사학의 현대사 부문 서술이 4·19 혁명에서 끝나고 군사독재정권 시기를 누구도 언급하지 않을 때 당대까지를 다룬 두 책의 반응은 폭발적이었다. 나는 사명감을 가지고 두 책을 팔았다.

강만길 선생은 2014년 2월 〈경향신문〉에 "역사란 역사가와 사실 사이의 부단한 상호작용의 과정이며 현재와 과거의 끊임없는 대화다"라는 유명한 명제를 남긴 E. H. 카의 『역사란 무엇인가』(까치)에 대한 짧은 서평을 발표했다. 그 글에서 선생은 "인생의 말년에 이르러서는 '역사는 현재와 과거의 대화'라는 명제에 만족하지 못하고 '역사는 인류사회가 추구해 마지않는 이상의 현실화 과정이다'라는 나름대로의 명제를 생각하게 되었다. 역사라는 것은 다소 소극적 표현이라 할 '현재와 과거의 대화'를 넘어 이성적 동물로서 인간사회가 한층 나은 자유롭고 풍요로운 생활을 누리기 위해 끊임없이 그리고 적극적으로 추구해서 기어이 이루어 내고 마는 그 '이상의 현실화 과정'이라 생각하는 것"이라고 했다.

자서전 『역사가의 시간』(창비)에서는 "사람에 따라서는 생각이나 행동이 시대의 흐름에 못 따르고 뒤처져서 사는 사람도 있고, 시대상황에 철저하게 타협하면서 사는 현실주의자도 있으며, 반대로 다소 어려움을 겪을지라도 한 발짝이라도 시대에 앞서가는 생각을 가지며 살려는 사람도 있을 수 있다"는 말씀도 하셨다. 자기합리화 같지만, 출판마케터는 반 발짝이라도 시대에 앞서가야 한다. 한여름에 팔기 위한 아이스크림이나 수영복 광고를 한겨울 추위를 이겨 내며 만들어야 하는 것처럼 말이다.

그러기 위해서는 역사를 알아야 한다. 역사적 기록이 있어야 과거 분석을 통한 '이상의 현실화'가 가능하다. 〈기획회의〉는 그런 역할을 자임했다. 출판의 미래는 출판의 과거를 분석함으로써 예측할 수 있다. 트렌드는 주기적으로 변주하면서 반복된다. 그러니 역사에서 흐름을 읽어 내야 한다. 디지털 기록이 기하급수적으로 늘어나면서 기록의 중요성 또한 점점 커지고 있다. 빅데이터를 잘 분석해서 확실한 키워드 하나만 찾아내도 우리의 미래는 무척 밝아질 것이다.

〈기획회의〉에 권력의 압박 같은 것은 없었다. 하지만 자본의 압박은 꾸준했다. 돈이 되지 않는 일이니 이런 잡지를 펴내려는 사람이 없었다. 대체할 수 있는 잡지가 있었다면 기쁘게 포기했겠지만 그런 잡지는 안타깝게도 등장하지 않았다. 〈기획회의〉가 출판의 한 시대를 증언하는 유일한 역사 기록이 될 수도 있겠다는 심정으로 펴냈기에 포기할 수 없었다.

〈기획회의〉 500호 출간 이후 발행인인 나는 편집위원과 편집자들에게 모든 결정을 위임했다. 외면했다고 보아도 좋다. 그것은 자연인 한기호가 부재해도 이 잡지의 역사를 이어 갈 수 있을지에 대한 점검의 과정이었다. 젊은 편집자들은 지난 4년을 잘 버텨 냈다. 안심해도 될 정도로 잘 이끌어 주었다. 〈기획회의〉는 수많은 신인의 등용문이기도 하다. 그런 역할도 잘 수행해 주었다. 앞으로도 이런 역할을 충분히 해낼 것이라 믿는다.

〈기획회의〉는 어떻게 25년을 버틸 수 있었을까? 성공에는 타고난 재능, 피나는 노력, 결정적인 타이밍이 작동한다고들 말한다. 〈기획회의〉가 성공했다고 말할 수준은 아니지만 이만큼 생존할 수 있었던 데는 한 사람이 아닌 수많은 사람의 재능이 발휘되었기 때문이다. 이 잡지에는 6000명 이상의 탁월한 필자가 글을 썼다. 몇 사람의 피나는 노력이 있었다. 그리고 아날로그 문명에서 디지털 문명으로 넘어가는 단경기端境期에 등장했다는 결정적인 타이밍이 작동했다. 〈기획회의〉는 어느 한 사람의 잡지가 아니다. 수많은 필자와 독자의 참여가 있었기에 생존할 수 있었다. 그들 모두에게 감사드린다.

본문에서도 여러 번 밝혔지만 〈학교도서관저널〉은 공공성이 큰 잡지이다. 저출생 고령화가 심각한 양상으로 전개되면서 학령인구가 급속하게 감소하고 있을 뿐만 아니라 양극화로 인한 불평등 역시 점점 심화되고 있다. 이런 시대에 교육의 중심이 학교도서관이 되어야 한다는 기치를 들고 창간한 잡지가 〈학교도서관저널〉이다. 〈학교도서관저널〉도 만 14년을 꼬박 채웠다. '코로나19'로 인해서 창간 10주년 때는 기념식도 치르지 못하고 그냥 넘어갔다. 15주년에는 지금까지 헌신한 모든 이들을 초청해 잔치를 크게 벌여 보려고 한다.

모든 레거시미디어가 위기라고 한다. 틀린 말은 아니다. 모든 매체가 위기인 상황에서 잡지가 살아남기는 어렵다. 하지만 시대적 소명이 확실한 잡지는 살아남아야 한다. 〈기획회의〉와 〈학교도서관저널〉은 여전히 존재해야 하는 이유가 확실한 잡지다. 급변하는 세상에서 잡지 또한 꾸준히 생존 모델을 찾아야 할 터라 요즘 디지털아카이브의 필요성을 절감하고 있다. 서둘러 두 잡지를 엮은 아카이브를 만들고, 젊은 상상력이 맘껏 발휘될 수 있도록 지원을 아끼지 않을 생각이다.

여기까지 올 수 있었던 것은 타고난 재능을 가진 수많은 이들의 도움이 있었기에 가능했다. 다시 한번 그분들에게 감사의 말씀을 전한다.

잡지, 기록전쟁

2024년 1월 19일 1판 1쇄 인쇄
2024년 1월 25일 1판 1쇄 발행

지은이   한기호
펴낸이   한기호
책임편집   염경원
편 집   도은숙, 정안나, 유태선, 김현구, 김혜경
마케팅   윤수연
디자인   북디자인 경놈
경영지원   국순근
펴낸곳   한국출판마케팅연구소
    출판등록 2000년 11월 6일 제10-2065호
    주소 04029 서울시 마포구 동교로 12안길 14 삼성빌딩 A동 2층
    전화 02-336-5675 팩스 02-337-5347
    이메일 kpm@kpm21.co.kr

ISBN 979-11-968505-6-2 (03010)